中等职业教育精品教材

中职生礼仪教程

主　编　刘登峰　朱周周　张震宇
副主编　柯贵进　彭灵丽　周　燕　王九斤
　　　　李秀芳　朱芳芳　刘　卉　董　莉

中国人民大学出版社
· 北京 ·

PREFACE 前言

党的二十大报告指出："全面建设社会主义现代化国家，必须坚持中国特色社会主义文化发展道路，增强文化自信……激发全民族文化创新创造活力，增强实现中华民族伟大复兴的精神力量。"在源远流长、博大精深的中华优秀传统文化资源中，礼文化、礼乐文明无疑是其中的根干，体现了中华民族特有的价值观念。"礼"之于国家制度建设、社会移风易俗、个人修身躬行，以至人与自然关系等的积极意义，仍然值得省思、镜鉴。坚定历史自信、文化自信，礼文化不可或缺；坚持古为今用、推陈出新，"礼"应在创造性转化、创新性发展中发挥新的时代价值。

古人云："礼，经国家，定社稷，序民人，利后嗣者也"；"国家无礼则不宁"。礼仪是一个人在日常生活、工作中与他人交往的重要组成部分，是一个人修养、风范、智慧的具体体现，是文明社会约定俗成的行为准则。在日常生活、工作中，得体的礼仪会给他人留下良好的印象，有助于个体凝聚人气、建立人脉。礼仪是每个人人生中的必修课。在现代职业教育中，要充分发挥优秀礼仪文化的教化功能，将社会主义核心价值观教育、职业素养教育和礼仪文化教育有机地结合起来，广泛弘扬，深入践行。

中职生在校学习期间是世界观、人生观、价值观形成的重要阶段，中职生要遵守做人做事的基本礼仪，用规范的礼仪指导自己的一言一行，要学礼用礼，以礼待人，以礼待事，为走上社会后赢得尊重和认可并实现自身价值打下坚实的基础。

本书根据中等职业学校礼仪规范教程教学的基本要求编写而成。全书分为七个单元，主要内容包括礼仪概述、个人礼仪、家庭礼仪、校园礼仪、社交礼仪、职场礼仪和涉外礼仪。为了增强教学的目标性和实践性，书中还设有礼行体验、学以致用等栏目。

在编写本书的过程中，编者参考了许多出版物，借鉴了部分网络文章，广泛听取了学生、教师、家长的意见，吸取了同类、同层次教材的长处，在此一并表示感谢。

由于编者水平有限，加上时间仓促，书中难免有不当之处，敬请各位专家和读者批评指正。

编者

CONTENTS

目 录

单元一 礼仪概述 …… 1
第一课 礼仪的内涵与作用 …… 2
第二课 礼仪的起源与发展 …… 4
第三课 东西方礼仪的差异 …… 6

单元二 个人礼仪 …… 9
第一课 仪表之礼 …… 10
第二课 仪态之礼 …… 19
第三课 言谈之礼 …… 35

单元三 家庭礼仪 …… 46
第一课 家庭礼仪概述 …… 47
第二课 家庭聚会礼仪 …… 47
第三课 家庭成员礼仪 …… 49
第四课 邻里之间礼仪 …… 56

单元四 校园礼仪 …… 62
第一课 学生礼仪的基本要求 …… 63
第二课 课堂礼仪 …… 67
第三课 师生交往礼仪 …… 69
第四课 学生交往礼仪 …… 72
第五课 共青团礼仪 …… 75
第六课 校园公共礼仪 …… 80

单元五 社交礼仪 …… 86
第一课 会面礼仪 …… 87

第二课　约请与应邀礼仪 …… 93
第三课　观看演出礼仪 …… 95
第四课　宴会礼仪 …… 96
第五课　就餐礼仪 …… 100
第六课　公共场所礼仪 …… 103

单元六　职场礼仪 …… 110
第一课　求职礼仪 …… 112
第二课　会议礼仪 …… 118
第三课　仪式礼仪 …… 119
第四课　同事礼仪 …… 122

单元七　涉外礼仪 …… 128
第一课　涉外礼仪通则 …… 129
第二课　涉外礼仪规范 …… 131
第三课　部分国家礼仪 …… 135

参考文献 …… 143

单元一

礼仪概述

学习目标

知识目标

了解礼仪的基本概念、功能及作用，掌握礼仪的起源与发展，熟悉东西方礼仪的差异。

能力目标

通过礼仪意识培养，能够提高文化素养，展现自己的专业素养和个人魅力。

素养目标

培养文明行为习惯，尊重他人与自我，塑造良好个人形象，传承中华优秀传统文化，提升综合素质，培育核心价值观。

单元导读

在历史上，中国曾被视为“衣冠上国”“礼仪之邦”，讲礼仪是中华民族的传统美德，从古至今，源远流长。孔子曾说：“不知命，无以为君子也。不知礼，无以立也。不知言，无以知人也。”礼仪通过规范人的行为举止来强调人的尊严，强调人与人之间的互助合作，强调公共领域与私人领域的边界，强调职业伦理对职业行为的规范。礼仪让人远离邪恶、低俗，引导人的精神上升至高境界。

第一课　礼仪的内涵与作用

人类区别于动物的一个显著特征是社会性。人类的活动不但受到自然规律的影响和制约，还受到社会规律以及由社会规律决定的各种社会规范的影响和制约。在这些社会规范中，除了道德规范和法律规范以外，还有一个很重要的方面，就是礼仪。礼仪，作为在人类历史发展中逐渐形成并积淀下来的一种行为规范，始终以某种精神的约束力支配着每个人的行为，从一个人对它的适应和掌握的程度，可以看出其文明程度和是否有教养。因此，礼仪是人类文明进步的重要标志。

那么，礼仪从何而来呢？什么是礼仪呢？

一、礼仪的内涵

礼仪是中国古代文化的基础。“中国有礼仪之大，故称夏，有服章之美，谓之华。”中华民族上下五千年形成了源远流长的历史和灿烂辉煌的文化，素有“礼仪之邦”的美誉，礼仪被视为民族道德修养和文明程度的外在表现。礼仪的本义是“敬”，即敬神求福的法度、准则和方式。《辞海》的解释是：礼，本谓敬神，引申为表示敬意的通称。由此衍生出的礼貌、礼节、仪表、仪式，无一不围绕一个“敬”字而展开并逐步具体化、规范化。

（一）礼仪的概念

礼是礼貌、礼节。仪是仪式、仪表、仪态。虽然礼和仪有时分开使用，各有其义，但更多时候合为一体，意指人们在社会交往中所形成的相互表达敬意和友好的行为规范与准则，体现为礼貌、礼节、仪表、仪式等具体形式。

从内容上讲，礼仪由礼仪的主体、礼仪的客体、礼仪的媒介、礼仪的环境四要素构成。

（1）礼仪的主体，即礼仪活动的操作者和实施者。

（2）礼仪的客体，即礼仪的对象，指的是礼仪活动的指向者和承受者。

（3）礼仪的媒介，即礼仪活动所依托的一定的媒介。

（4）礼仪的环境，即礼仪活动得以进行的特定的时空条件。

（二）礼仪的分类

礼仪依据其适用对象、适用范围的不同，大致可分为政务礼仪、商务礼仪、服务礼仪、社交礼仪、涉外礼仪等。

（1）政务礼仪，又称国家公务员礼仪，指的是国家公务员在执行国家公务时所应当遵守的礼仪。

（2）商务礼仪指的是公司、企业的从业人员以及其他一切从事经济活动的人士在经济往来中所应当遵守的礼仪。

(3) 服务礼仪指的是各类服务行业的从业人员在自己的工作岗位上所应当遵守的礼仪。

(4) 社交礼仪指的是社会各界人士在一般性的交际应酬中所应当遵守的礼仪。

(5) 涉外礼仪指的是人们在国际交往中所应当遵守的礼仪。

二、礼仪的功能与作用

(一) 礼仪的功能

礼仪的功能之一，是有助于提高人们的修养。在人际交往中，礼仪往往是衡量一个人文明程度的准绳。它不仅反映一个人的交际技巧与应变能力，而且还反映一个人的气质风度、阅历见识、道德情操、精神风貌。因此，在这个意义上，完全可以说礼仪即教养。一般而言，人们的教养反映其素质，而素质又体现于细节。

礼仪的功能之二，是有助于人们美化自身，美化生活。

礼仪的功能之三，是有助于促进人们的社会交往，改善人际关系。“世事洞明皆学问，人情练达即文章”讲的就是人际关系的重要性。一个人只要同他人打交道，就不能不讲礼仪。

礼仪的功能之四，是有助于净化社会风气，推进社会主义精神文明建设。

礼仪链接

社交高手——刘备

《三国志》中记载：刘备是一位有缺点，甚至才能平庸的人，然而，他却成为蜀汉的开国皇帝，其中最大的原因就是他很得人心，是一个社交高手。非常有个性的关羽、张飞都被刘备所吸引，连诸葛亮这样的绝世英才也为他鞠躬尽瘁，刘备能够成为这些人的领导者，关键就是他注重社交，讲究礼仪，坦诚待人。

(二) 礼仪的作用

古人云：“国尚礼则国昌，家尚礼则家大，身尚礼则身修，心有礼则心泰。”孔子曰：“不学礼，无以立。”“礼之用，和为贵。”荀子曰：“人无礼则不生，事无礼则不成，国家无礼则不宁。”可见，礼仪在社会生活中的地位和作用何等重要，同时也说明了礼仪是一个人立足社会、成就事业、获得美好人生的基础。提倡礼仪，注重礼仪，有助于与他人和谐相处；有助于提高自身的修养；有助于美化自身、美化生活；有助于净化社会风气，推动社会主义精神文明建设；有助于社会的祥和稳定。

礼仪作为人们思想、意识、修养、情操水平的重要标志，在现代社会中占据着极其重要的地位。礼仪是人际关系的“润滑剂”，是社会组织与公众联系的重要桥梁，是衡量服务人才标准的最基本内容。学礼、知礼、用礼不仅是每个具有现代意识的人的主观意愿，而且是社会生活的客观需要。

礼仪互动

试论述礼仪的基本概念、分类及作用。

第二课 礼仪的起源与发展

一、礼仪的起源

在远古时候，由于社会生产力低下，人类思维能力有限，面对千变万化的自然现象及天灾人祸，人们以为是无形的力量（神）在主宰一切，因而对它充满敬畏和恐惧。为了表达对神的敬畏，祈求神的保佑，人们开始了对神的祭祀活动，这种活动古代称为“礼”。也就是说，礼起源于远古人们的祭祀活动。

礼早期写作“豊”，“豊”是在礼仪或祭祀过程中使用的一种装满玉条的器皿。许慎在《说文解字》中曾说：“豊，行礼之器也。”后来人们在“豊”的旁边又加了“示”（礻），即繁体的“禮”（见图 1 - 1），“示”（礻）表示与祭祀鬼神、祭拜天地有关，“禮”就表示人们拿着装满了一串串玉条的器皿去祭拜天地、祭祀鬼神。玉在中国古代文化中是代表美好、圣洁的物品，人们对玉也是十分珍爱的，人们用玉来祭祀鬼神、祭拜天地，所以“礼”这个字传达出的核心就是“敬”。

图 1 - 1 “礼”的繁体

二、礼仪的发展

礼仪的形成和发展经历了一个从无到有、从低级到高级、从零散到完整的渐进过程。纵观中国漫长的礼仪发展史，大致可以分为礼仪形成阶段、封建礼仪阶段、近代礼仪阶段和当代礼仪阶段四个时期。

（一）礼仪形成阶段（约前 21 世纪—前 771 年）

这一阶段主要是指夏商周时期。从史料上看，夏代已开始制礼，到商代，礼仪已渗透到社会生活中的各个方面。周代的礼仪已经达到了系统完备阶段，在这一时期，礼仪的特征已经从单纯的祭祀天地、鬼神、祖先的形式，跨入了全面制约人的行为的领域。在这一阶段，礼的内容主要体现在《周礼》中的“王礼”部分。所谓“王礼”，就是分别用于祭祀、冠婚、宾客、军旅和丧葬的“吉礼”“嘉礼”“宾礼”“军礼”“凶礼”。这些礼仪内容，对后世人们的行为规范、人际交往和社会公德的形成，都产生了极大的影响。

（二）封建礼仪阶段（前772—1911年）

这一阶段主要是指从儒学的产生，到以儒学为基础的封建礼仪形成、强化和衰落的时期。这一时期的开始阶段，是以孔子为首的儒家学派逐步形成，礼仪成为儒家学派的核心——“礼教”。在这一阶段，礼仪的明显特征，就是把人们的行为纳入封建道德的轨道，把人们教化成“非礼勿视，非礼勿听，非礼勿言，非礼勿动”的循规蹈矩之人。礼教文化是这个时期“礼”的核心和基本内容。

（三）近代礼仪阶段（1912—1948年）

辛亥革命的胜利，结束了统治中国2 000多年的封建专制制度，新的礼仪礼俗也就随之出现。这一时期的礼仪，体现了近代自由、平等的原则，因此，外来的文化习俗和审美观点开始渗透到社会生活中的各个方面，冲击了原来森严的封建意识和等级观念，对当今中国社交礼仪产生了重大影响。

（四）当代礼仪阶段（1949年至今）

中华人民共和国成立后，新型的社会关系和人际关系的确立，标志着我国礼仪进入了一个新的历史时期。这一时期，确立了同志式的合作互助关系和男女平等的新型社会关系，而尊老爱幼、讲究信义、以诚待人、先人后己、礼尚往来等中华传统礼仪中的精华则得到了继承和发扬。

礼仪链接

古代礼仪与现代礼仪的区别

古代礼仪与现代礼仪的区别主要体现在以下几个方面。

1. 基础不同

古代礼仪是以封建等级制度为基础的，强调社会等级和身份差异。现代礼仪虽然承认身份差异，但更强调人格平等、社会平等，并且以尊重他人作为自己的立足点与出发点。

2. 目标不同

古代礼仪以维护封建统治秩序为目的，通过礼节仪式与行为规范来巩固社会等级制度。现代礼仪则重在追求人际交往的和谐与顺利，旨在通过礼仪行为促进人与人之间的良好关系和沟通。

3. 范围不同

古代礼仪所研究的是“礼不下庶人”，即主要关注上层社会的礼仪规范，与平民百姓的日常生活关系不大。现代礼仪则适用于任何交际活动的参与者，无论身份地位如何，都需要遵循相应的礼仪规范。

礼仪互动

1. 我国礼仪经过了哪几个阶段？

2. 中国现代礼仪的最大特点是什么？

第三课　东西方礼仪的差异

当今不同文化背景的人们彼此间的交往日益增多，密切的跨文化沟通是当今世界的一个重要特征。人类社会中，东方传统和西方传统存在较大差异。东方传统常见于中国、日本、朝鲜、印度、新加坡等国家；西方传统见诸美国、英国、意大利、德国和法国等国家。

不同的地域、不同的国家、不同的社会制度构成的礼仪有一定的差异性。现代礼仪应遵守的原则之一就是尊重，即在各种类型的人际交往活动中，以相互尊重为前提，既尊重对方，不损害对方利益，又要保持自尊。

我们应当了解跨文化礼仪的差异性，学会尊重不同文化背景下的礼仪习俗。

一、东方礼仪的特点

古老的东方以其富含人情味的传统礼仪向世人展示了悠久的历史文化和无穷的魅力。

（一）重视亲情和血缘（情感式）

东方人尤其信奉“血浓于水”这一传统观念，所以人际关系中最稳定的因素是血缘。有很多古语都反映出东方人重视亲情和血缘这一特点，如“老吾老以及人之老，幼吾幼以及人之幼”“父母在，不远游”“人丁兴旺，儿孙满堂”等。但是在西方，儿女一旦成年，大都要依靠自己的能力求生存。

（二）强调共性（整体性）

东方人非常注重共性拥有，强调整体性和综合性。东方人注重集体主义、团队精神、凝聚力，强调组织的团结和谐，交往的目的以协调各种关系为主。如我国的一些公司，经营管理富有人情味，人人以为公司谋事业出力而感到光荣。

（三）礼尚往来

礼是人际交往中的媒介和桥梁。这里的“礼”，主要指礼物，其实礼物本身的价值并不重要，重要的是礼物表达的情感。

东方人讲究“来而不往非礼也”，除了重要的节日相互拜访需要送礼外，婚丧嫁娶、生日、升职、加薪都可以作为送礼的理由。

二、西方礼仪的特点

西方礼仪的产生与西方文明的发展有密切的关系。它萌芽于古希腊，形成于17—18世纪的法国，其间深受古希腊、古罗马等国文化的影响。

西方人大多喜欢单刀直入，预热的阶段很短。而东方礼仪讲究客气，东方人在人际交往中进入正题之前，“预热”时间比西方人长。

西方人特别是美国人，在开场白和结束语中，没有一套谦辞，而且过多的谦辞会使美国人反感：“你没有准备好就不要讲了，不要浪费别人的时间。”

西方人工作时间与业余时间区别分明，下班时间、休假时间不打电话谈论工作问题。

礼仪互动

1. 东西方礼仪各有什么特点？
2. 举例说明东西方在社会交往方面的礼仪差异。

礼行体验

训练内容

学生每4人一组，分角色扮演师父、弟子、主礼人和见证人，模拟举办一场拜师仪式，以练习行拜师礼的相关礼仪，最后由教师点评。

训练要求

（1）以小组为单位，自主创设拜师情景，布置拜师仪式现场。

（2）小组成员变换角色，复习，并相互纠正，直至各成员均掌握拜师仪式的礼仪规范。

（3）各小组上台展示拜师仪式的举办过程。

训练评估

教师可以根据表1-1的内容对各组成员训练情况进行评价。

表1-1 训练情况评价表

评价内容		分值	自评分	教师评分	综合评分
流程规范	师父、弟子、主礼人和见证人的扮演者相互配合，按规范的流程举办拜师仪式	10			

续表

评价内容		分值	自评分	教师评分	综合评分
主礼致辞	致辞庄重，介绍准确，有仪式感	15			
见证人说见证词	语言精练，高度概括师父的崇高品质和闪光点	15			
坐太师椅	着装得体，仪态端庄，展现师者风范	10			
弟子拜师	隆重地介绍师父的技艺和优点	10			
	诚挚地表达拜师意愿	10			
	恭敬地递送拜师帖、献拜师礼	10			
	规范地为师父敬茶，向师父行叩首礼	10			
师父赠礼	承诺传德传艺，精心培育弟子，说出对弟子的期望与寄语	10			

学以致用

1. 什么是礼仪？礼仪有哪些作用？

2. 简述礼仪的发展过程。

3. 为什么说礼仪是每个人的基本素质？

4. 找一找你和身边伙伴遵守礼仪规范的实例。运用本单元知识，分析这些实例体现了哪些礼仪原则。

5. 利用网络资源，广泛收集生活中的事例，以小组发言的方式，讲一讲在现实生活中遵守礼仪可以给自己带来哪些益处。

单元二

个人礼仪

学习目标

知识目标

了解个人形象与礼仪的关系，掌握仪容、仪表、仪态的基本要求，理解言谈举止的礼仪。

能力目标

提升沟通能力，增强情绪管理能力，提高自我表达能力。

素养目标

通过了解和遵循礼仪规范，能够更好地控制自己的言行举止，展现出高尚的道德品质和良好的教养，为社会的和谐稳定贡献力量。

单元导读

《礼记·冠义》中说："凡人之所以为人者，礼义也。礼义之始，在于正容体、齐颜色、顺辞令。容体正，颜色齐，辞令顺，而后礼义备。以正君臣、亲父子、和长幼。君臣正，父子亲，长幼和，而后礼义立。故冠而后服备，服备而后容体正、颜色齐、辞令顺。故曰：冠者，礼之始也。是故古者圣王重冠。"意思是：人之所以为人，在于有礼仪。礼仪从哪里做起呢？应从举止得体、态度端庄、言谈恭顺做起。举止得体，态度端庄，言谈恭顺，礼仪才算完备。以此来使君臣各安其位、父子相亲、长幼和睦。君臣各安其位，父子相亲，长幼和睦，礼仪才算确立。所以，只有行过冠礼才算服装齐备，服装齐备才能做到举止得体、态度端庄、言谈恭顺。冠礼是礼的开始，所以古时候很重视冠礼。

在中国古代，"男子二十冠而字"。《中华人民共和国民法典》规定，十八周岁以上的自然人是成年人，成年人为完全民事行为能力人，可以独立实施民事法律行为。中职生即将步入成年人的行列，应该从现在开始，培养得体的举止、端庄的态度、恭顺的言谈，塑造良好的个人形象。良好的个人形象包括外在形象和内在形象，中职生可通过学习礼仪知识，提升个人修养。

第一课 仪表之礼

一、个人清洁

清洁是礼仪的基本要求，是仪表美的关键，每一个人都应有端庄、美好、整洁的仪表。

（一）面部清洁

为了使自己容光焕发、彰显活力，应注意面部清洁与适当的修饰。

应做到：每天早晚洗脸，清洁面部的污垢、汗渍等不洁之物；洗脸时可借助洁面用品，同时应注意清洗耳朵和脖子；出汗时要用纸巾或手帕及时擦去脸上的汗水。

为了保持面部红润，可以适当多吃蔬菜、水果，多喝水，以保持体内足够的水分，防止皮肤粗糙干燥。要保证足够的睡眠。

应避免：面部有污渍，用衣袖代替纸巾或手帕擦拭汗水、鼻涕等，或不予顾及而任其留在脸上，随手乱扔用过的纸巾等。

（二）口腔清洁

保持口腔清洁、口气清新，是与人交往所必须做到的细节。

应做到：坚持每天早晚刷牙，清除口腔细菌、饭渣，防止牙石沉积。刷牙时应顺着牙缝的方向上下刷，牙齿的各部位都必须刷到，刷牙时间应在三分钟以上；用餐时应闭嘴咀嚼，餐后如需要剔牙，应用手或餐巾加以遮掩；不吸烟，不喝浓茶，可以有效防止牙齿变黄；注意保持口气清新。

应避免：工作之前或与人交往前吃葱、蒜、韭菜等带有强烈异味的食物，饮酒等；在人前嚼口香糖，特别是与人一边说话一边嚼口香糖等。

（三）手的清洁

与人交往、执行公务、打电话、就餐时，对方会注意到你的手，并形成一种印象，所以手的清洁也很重要。同时，手的清洁能反映出一个人的修养及卫生习惯。

应做到：及时清洗自己的手，注意修剪指甲。干燥季节或冬季可以选用一些保湿、滋润的护手霜。

应避免：留长指甲（留长指甲不利于健康）；涂有色的指甲油；指甲缝里有污垢；在公众场合修剪指甲，摆弄手指。

（四）其他

应做到：勤洗发，勤洗澡，勤换内衣，身上没有异味；男士胡须要剃净，鼻毛要剪短；女士可适当使用淡香水。

应避免：在人面前做揪胡须、拔鼻毛、挖鼻孔、掏耳朵等动作；使用过量或过浓的香水。

礼仪训练

1. 为了有效地保持手部清洁，预防传染病，卫生部门推荐七步洗手法。从互联网上查找资料，了解正确洗手的方法和步骤，并按步骤要求，在教室里进行模拟练习。

2. 结合上述礼仪知识，反思自己是否有良好的卫生习惯。

3. 结合上述有关知识，对个人清洁状况进行自查，并记录不符合规范的地方，作为自我纠正的依据。

二、得体的发型

得体的发型能增添人的魅力，能使人容光焕发，充满朝气。

发型不仅要符合美观、大方、整洁和方便生活的原则，而且要与发质、脸型、体形、年龄、气质、服装及环境等因素很好地结合起来，给人以整体美的形象，也更能体现自己的职业特点。

职业学校的学生的发型要反映出青年人的精神面貌。

应做到：头发清洁整齐，色泽统一。留标准的学生发型。

男生头部后面的发际线应在衣领以上 1～2cm 处，两边的头发不要盖住耳朵；发型要有层次，“刘海”以不挡眉毛为准。

女生如留短发，“刘海”不要遮住眉毛以下的部位，可梳成扣边短发，也可以梳成运动式发型，发端可剪出层次。如留长发，则应用发绳或头花将头发整齐束起，不留碎发。

应避免：烫发，将头发染成黑色以外的其他颜色；男生留齐发、中分发型、披肩发；剪怪异的发型；头发不整洁、有头皮屑等。

礼仪链接

头发的保养与护理

头发有保护头皮、缓冲撞击、防止意外伤害和冬天保暖、夏天避晒，以及避免蚊虫叮咬、调节体温等作用。同时，它也是仪表美的重要组成部分。要想拥有一头秀发，必须懂得一些头发保养与护理的知识和技巧。根据头发的性质和弹性，可以把头发分为以下五种类型：

（1）粗而硬、富有弹性的“钢发”。拥有“钢发”的人不适宜留长发。

(2) 发丝细软、弹性较差的“绵发”。这种类型的头发可以梳成任意发型。

(3) 油脂较多、抗侵蚀力强、弹性不够稳定的“油发”。这类头发选择的发式应便于清洗，留短发时要修剪出层次。

(4) 容易干燥、蓬松的“沙发”。这种类型的头发可留长或留短，但不宜梳成平直的短发。

(5) 自然形成蜷曲状的“卷发”。女生有这种类型的头发适宜留长发，展现自然风貌。

可以通过以下方式对头发进行保养与护理。

1. 饮食养发

中国人的头发以乌黑为美。乌黑的头发是青春的标志之一。从中医理论上讲，肾气盛则发乌黑且有光泽，肾气虚则发稀而枯黄。所以美发应从补肾入手，多吃些含有维生素、微量元素、蛋白质的食物，如绿色蔬菜、水果、鱼、鸡、猪肉等。头发枯黄或过早变白，应多吃动物的肝脏、黑芝麻、核桃、葵花子、黄豆等；头发脱落过多，应补充蛋白质及钙、铁、硫等多种微量元素，多吃黑豆、蛋、奶、松仁等；头皮屑过多，可吃含碘丰富的食物，如紫菜、海带、海鱼等。

2. 科学洗发

应根据头发的发质来确定洗发周期和选择洗发用品。

在自然环境较好的条件下，油性头发以每天洗一次为宜，选择去油作用强的洗发剂；干性头发最好 3 天左右洗一次，宜选择含有蛋白质的营养型洗发剂。洗发时，水温以 40℃左右感觉舒适为宜，水温不可太高。头发用水浸湿、浸透，然后用手搓出洗发剂的泡沫均匀涂抹，从发根至发梢反复洗涤、梳理，再用温水冲洗干净；最后，用毛巾将头发拍干，用宽齿梳子轻轻梳理，理顺发丝，可用吹风机吹干。

3. 适当护发

头发的护理不仅要根据发质，还应参考不同季节或人的不同生理阶段来采取适当的护理方式。人的精神是否愉快也对头发的秀美有影响。

无论是长发还是短发，女性如果在头发的适当部位戴上得体的发夹、发带或头花等饰物，能为个人仪表起到画龙点睛的作用。但要注意饰物不可堆砌，否则会给人一种俗气的感觉，反而失去自然美。

三、不同场合的着装

选择服饰穿戴时注意符合特定的时间、地点、场合的要求。例如学生上学可以选择校服，从业人员则根据各自的职业要求穿着工装或制服；运动时宜穿着运动服、健身服；参加舞会、宴会、音乐会时，可以选择得体的礼服；在家休息时可着家居服；

公务场合，男士一般选择西服，女士宜穿着套装、套裙等。只有这样，才能产生和谐自然的美感。

不同场合所选用的不同服装，有着不同的穿着礼仪要求。

（一）正式服装

正式服装可分为礼服和事业服。

1. 礼服

礼服可以根据不同的分类标准进行划分，常见的有按穿着时间、场合、性别等进行分类。

（1）按穿着时间分类。

日装礼服：适用于白天出席的正式场合，如开幕式、宴会、婚礼、正式拜访等。日装礼服通常表现出优雅、端庄和含蓄的特点，多采用毛、棉、麻、丝绸或有丝绸感的面料。

晚装礼服：适用于20:00以后的正式场合，如晚宴、舞会、音乐会等。晚装礼服档次较高，通常采用丝绒、锦缎、绉纱、塔夫绸等面料，色彩高雅。

（2）按场合分类。

婚礼服：新郎新娘在婚礼上穿着的服装。不同国家、不同民族的婚礼服饰有着各自的特殊讲究。

酒会礼服：适用于下午三时至六时的非正式酒会。

（3）按性别分类。

男士礼服：包括晨礼服、小礼服（便礼服）、大礼服（燕尾服）等。晨礼服适用于日间正式场合，小礼服适用于午后正式访问和半正式场合，大礼服则适用于更正式的场合。

女士礼服：包括日装礼服和晚装礼服。日装礼服适合白天出席的正式场合，晚装礼服适合晚上出席的正式场合。

2. 事业服

事业服可分为制服和特殊职业服。一般的制服是指一些企业的工作人员工作时穿着的服装，男士普通西服就属于这一类。特殊职业服则是指因某职业的需要而特制的服装，这种服装一般成为某个职业的标志，如警服、解放军军服等。

穿着事业服，有一定的严肃性和庄重感。正确穿着可以体现职业特征，实现着装统一，从而树立组织形象。

应做到：按照本组织、本单位或职业的统一要求穿着，做到整齐、清洁、端正、朴素、大方。

应避免：穿着脏、皱、破的事业服，不按规定胡乱搭配事业服；服装颜色过分艳丽、耀眼，过分强调装饰、点缀；女士裙子过短、开衩过高，衣服过紧，领口过低，面料过透；在服装上乱写乱画。

（二）便装

便装可分为家居服、睡衣和休闲服。

家居服的特点是舒适、宽松、随意、色彩柔和，是做一般性的家务劳动和接待较熟悉朋友时穿着的。睡衣只供睡觉和早晚洗漱时穿着。休闲服的特点是轻松、随便，便于运动，其色彩比较艳丽、明快，常与旅游鞋、运动鞋和轻便鞋相配，穿上这类服装使人感觉舒适、愉快，主要适用于旅游、参观、度假、游乐、居家和一般性的运动。

应避免：穿着睡衣、家居服外出、逛街。

（三）职业学校的学生装

职业学校如果统一配制了学生装或校服，则应做到：穿着干净、整齐、统一。如果没有统一配制，则应选择适合学生年龄、身份的款式和面料，以自然、淳朴为原则。

职业学校学生的服装穿着要得体，线条流畅，可以选用物美价廉的面料，不必过分追求高档，服装颜色不宜过于绚丽。学生装如果是西服样式，男生以两件套或三件套为宜，女生则可视情况选择长裤或裙装。

校徽、团徽应端正地佩戴在校服左胸处。如穿着衬衫，校徽、团徽则应戴在左上兜上方 1～2cm 处。

应避免：服装不整洁或款式过于新奇、华丽；不按学校要求着装；在服装上、书包上挂过多小饰品或随意涂鸦。

礼仪训练

1. 你的学校有校服吗？如果有，请你按照学校的校规和专业要求，总结穿着校服的礼仪规范要求，全班达成共识后，与自己的情况逐条对照，找出不符合规范的地方并加以改正。

2. 你所学的专业或想从事的工作岗位有事业服吗？收集相关的穿着礼仪要求。同时，从专业实习、就业的对口单位收集对员工的着装礼仪规范要求，找出这些要求与学校要求的相同之处和不同之处，并分析原因。

（四）男士西服套装

西服原本是流行于欧美国家的一种服装，随着国际交往的日益频繁，西服逐步发展成为一种国际性的服装款式。穿着西服应注意以下九个方面。

1. 选好面料与色彩

一般情况下，在正式、重要的公务活动中，要穿正装西服。目前，很多职业装也是以西服为主。

应做到：将纯毛或者含毛比例较高的纯、混纺面料作为正装西服的首选面料；色彩以单色、深色为主，首推藏蓝色，还可选择灰色和棕色。黑色西服更适合在庄严而肃穆的礼仪活动中穿着。通常，男士正装西服是没有任何图案的。

应避免：在公务场合选择过于鲜艳或发光、发亮的西服。

2. 选好款式

（1）按西装件数选择。

按件数不同，西装可以分为单件西装、两件套西装、三件套西装。单件西装，即一件与裤子不配套的西装上衣，仅适用于非正式场合。两件套西装包括一件西装和一条西裤，三件套则包括一件西装、一条西裤和一件马甲。按照人们的传统看法，三件套西装比两件套西装显得更正式。一般参加高层次的对外活动时，可以穿三件套西装。

商界男士在正式的商务交往中所穿的西装，必须是西服套装，在参与高层次的商务活动时，以穿三件套的西服套装为佳。

（2）按西装上衣的纽扣排列方式选择。

按西装上衣的纽扣排列方式，西装分为单排扣上衣与双排扣上衣。

单排扣西装上衣，最常见的有一粒纽扣、两粒纽扣、三粒纽扣三种。一粒纽扣、三粒纽扣单排扣西装上衣穿起来较时髦，而两粒纽扣的单排扣西装上衣则显得更为正规一些。男士常穿的单排扣西服款式以两粒扣、平驳领、高驳头、圆角下摆款为主。

双排扣西装上衣，最常见的有两粒纽扣、四粒纽扣、六粒纽扣三种。两粒纽扣、六粒纽扣的双排扣西装上衣属于流行的款式，而四粒纽扣的双排扣西装上衣则明显具有传统风格。

此外，穿单排扣西服套装时，应该扎窄一些的皮带；穿双排扣西服套装时，则扎稍宽的皮带较为合适。

3. 系好纽扣

应做到：站立时，不管在什么场合，双排扣的西服上装都应把纽扣全部扣上。单排扣西服上装，两粒纽扣的只系上面一粒，三粒纽扣的可系中间一粒。

在非正式场合或者就座后，单排扣西服可以不系扣，敞开衣襟即可，既显得潇洒自由，又不失礼。

应避免：将单排扣西服的扣子全部扣上，这样会显得拘谨。

4. 注意西裤的尺寸

应做到：裤脚应在鞋面上，并使裤脚长度在鞋口边沿下 1～2cm 处，裤线应熨烫挺直。

5. 选好衬衫

应做到：穿西装时，正装衬衫必须为单色衬衫，以白色为最佳。衬衫领子要挺括、整洁。衬衫领应高于西服上衣领。正装衬衫必须是长袖衬衫。衬衫的最佳袖长为：手臂下垂时，衬衫袖长于西服上衣袖 1～2cm。衬衫下摆塞在裤子里面。打领带时，衬衫袖口、领口必须系好。不打领带时，领扣不要扣上。

应避免：将正装西服及长袖衬衫的袖子卷起来等。

6. 用好口袋

应做到：西服外侧左上胸袋专门用于插放装饰手帕或鲜花，其他外侧口袋不宜放东西。内侧胸袋可用来放钢笔、钱夹或名片夹等小物品。衬衫以无胸袋式为佳，即使有胸袋也要尽量少放或不放东西。马夹的口袋用于存放珍贵的小物件。西裤裤兜也只能放些轻薄之物。总之，原则上是少装东西。

应避免：在口袋中放过于厚重的物品，物品杂乱无序，拿出后皱皱巴巴。

7. 配好领带与领带夹

男士在上班、开会或访问等公务活动中，以打领带为好。穿西装套装，必须打领带。在休闲场合，通常不需要打领带。

应做到：在正式、庄严、隆重的场合选用深色领带；在非正式场合可选用浅色、艳丽领带。黑色领带几乎可与任何颜色的西服进行搭配。领带系好后的长度，以站立时下端“大箭头”刚好触及皮带扣的上端为佳。打领带结，要求挺括、端正，外观上呈倒三角形，领带结需贴在衣领上，不能太往下。领带夹的位置应在衬衫的第四粒到第五粒纽扣（从上往下数）之间。另外，穿着西服还可选用领结。

应避免：领带系好后过长或过短，领带结松松垮垮；西服上衣系上扣子后，领带夹露在外面。

礼仪训练

上网查看“领带的打法”，了解领带的系法，选出一至两种系法，练习打领带。要求：手法正确，领带系好后长度适当，领带结形状挺括。

8. 选好鞋袜

应做到：选黑色、黑棕色、深咖啡色的皮鞋与西服搭配；最为正规的男士皮鞋应是系鞋带的款式；皮鞋要上油擦亮；配深色的袜子，如黑色、深咖啡色等，袜子要保持整洁、干净；袜筒的高度，不宜低于自己的踝骨，出席正式场合最好选择高及脚胫的袜子。

应避免：穿西服时配穿旅游鞋、布鞋；穿白色袜子或运动袜；坐下后，在西服裤腿和袜口间露出腿部的皮肤。

9. 选好腰带和皮包

应做到：选黑色或棕色皮革质地的腰带与西服配套使用，宽度一般不超过 3cm；腰带在系好后，通常以皮带尖端不超过腰带扣 10cm 为标准；宜选用长方形的深色公文包。

应避免：皮带有明显的花纹装饰，公文包上印有广告或大面积图案。

（五）女士西服套装

女士西服套装有西服配长裤，也有西服套裙，均可作为正式礼服。女士穿着西服套装应注意以下几个方面。

1. 选好面料和款式

正式场合穿着的女士套装通常由高档面料缝制而成。女士套装上装是西服，其松紧长短均可，但一般情况下，上衣最短到齐腰。下装如是裙装，裙子最长可以达到小腿的中部；下装如是裤装，则需西服长裤与西服上衣相配。

应做到：选用的色彩、款式要稳重大方，与场合相配；一般上衣与裙子或裤子应为同一质地、同一色彩的素色面料，显得庄重、成熟。

应避免：套装色彩超过两种，色彩太鲜艳；裙子的长度过短，面料过于薄透；衣服尺寸过小或肥大。

2. 注意穿着规范

（1）关注细节。女士在穿着职业套装时，必须依照常规穿着方法，认真穿好。

应做到：衣服穿好后注意检查，如上衣领子要完全翻好、衣袋盖子要拉出来盖住衣袋、拉锁拉好、纽扣系好、裙子穿端正等。

应避免：衣服不整洁、有污渍、破损等。

（2）选好衬衫。与裙装或裤装配套穿着的衬衫，要以轻薄、柔软的面料为主。

应做到：选用的衬衫色彩不过于鲜艳，与套裙的色彩相协调。一般情况下，各种色彩的衬衫均可与套裙相配，但还是以单色为最佳选择。

（3）配好鞋袜。

应做到：选用高跟、半高跟船式皮鞋或盖式皮鞋与裙装或裤装配套穿着，黑色皮鞋最为正统，亦可选择与裙装或裤装色彩一致的皮鞋。女士着裙装应穿高筒袜或连裤袜，袜子最好选用肤色的。

应避免：选用色彩过于明艳的鞋子；在商务活动中，穿露出脚趾和脚跟的鞋；长袜的袜口低于裙子下摆，或直接穿着半长的袜子，袜子与裙摆间露出双腿；袜子出现破损。

此外，在夏天的非商务场合中，女士可以赤脚穿凉鞋。

（4）适当妆饰。

应做到：要求女士着装、化妆与配饰风格统一；女士宜化淡妆。配饰则以少为宜，注意符合身份。

应避免：不分场合均浓妆艳抹，戴过多的首饰。

此外，女士还可以选择做工精良的连衣裙、中式民族服装作为礼服穿着。

礼仪训练

1. 收集关于服装的配色知识、配色原则，结合自己的审美，想想看，如果男士西装上衣选择灰色、藏蓝色、深棕色、米色、黑色、驼色，那么应各选择何种颜色的衬衫和西装裤与之搭配？

2. 查找西装与领带的起源与发展，与同学们进行交流。

四、配饰的要求

在服饰构成中，装饰用品既可作为服装的辅助用品，又可区别于服装而相对独立存在。装饰用品和服装一同构成了服饰的内容，应以与服装相协调而取得整体效果为原则，起点缀、调节、呼应、平衡、矫正的作用。

（一）选好帽子、围巾、手套、眼镜、包

应做到：选择配饰时，要考虑到年龄、性别、身份、身材、脸型，以及与服饰之间的搭配，也要考虑到场合和时间的需要。

进入室内后，除女士与时装配套的帽子、手套外，应将帽子、围巾、手套连同外衣一齐脱下。除了患有眼疾的人，进入房间后或与人见面时应摘下墨镜。

包在使用前，须将包上挂附的商标、真皮标志等先行拆去，包中物品要有条不紊地进行摆放。无论男女，进入别人室内后，应将包放在自己就座处附近的位置，或主人指定的地方。

应避免：将包拎在手里晃来晃去，进入别人办公室后将包胡乱放在桌椅之上，戴着手套、墨镜与人握手、谈话。

（二）恰当选用首饰

首饰包括戒指、项链、耳环、胸针等饰物。首饰的佩戴有一套规矩。它是一种沉默的语言，既可以向他人暗示某种含义，又能显示佩戴者的气质与修养。

应做到：一般情况下，身上的饰品不超过三件。学生不宜佩戴任何首饰。男士在工作场合，除婚戒、手表外，不宜佩戴其他饰物。

应避免：在工作场合佩戴设计过于复杂、过长、过大的首饰（在某些情况下这也是违反安全操作规程的），佩戴发光、发亮、发声的耳环，佩戴过多种类的首饰。

（三）合理使用其他配饰

应做到：在正式场合中，最好选用钥匙包携带钥匙，并把它放在随身包里。手表的佩戴因人而异，但不论是男士还是女士，在公务或外事活动中最好戴有表盘、指针的手表。男士还可以选择一支钢笔或签字笔随身携带。

应避免：在公务场合中使用钥匙链、钥匙坠或把钥匙挂在腰带上，在公务或外事

活动中戴潜水表或卡通表，女士戴手表的同时戴手镯等。

礼仪链接

奥运志愿者的礼仪要求

（1）统一着装，整洁端庄。主办城市的奥运志愿者，应穿着由奥组委统一提供的服装，妆容健康端庄、落落大方，不可浓妆艳抹。除一般情况下着统一服装外，应根据工作需要，按照特定的场合调整自身装束和妆容，如参加招待酒会或正式会谈的服务工作，按规定着装。

（2）心态健康，热情大方。要保持良好的精神面貌。真诚奉献、不求回报，始终满腔热忱地做好服务工作。

（3）与人相处，注重礼让。自觉服从领导和调配，志愿者与工作人员、其他志愿者要相互尊重、团结协作，体现出团队合作的整体效应。

（4）尊重对方，按需服务。了解宾客不同的宗教信仰、文化背景和风俗习惯，在服务中尊重他们，做到友好、礼貌和谨慎，站在他们的角度考虑，按照他们的需要服务，使来自世界各国的运动员顺利比赛。

第二课　仪态之礼

美国学者艾伯特·梅拉比安经多年研究后认为：一个信息的传递＝7％语言＋38％语音＋55％仪态。由此我们可以认为，仪态在一个人与外界的交往、交流中占有重要的地位。

仪态就是人的肢体动作，包括表情、手势、坐姿、站姿、走姿等。仪态不仅能反映一个人的想法，还能迅速、生动、简练地传递出各种信息，是一个人风度、气质的体现。达·芬奇说：“从仪态知觉人的内心世界，把握人的本来面目，往往具有相当的准确性和可靠性。”在工作、人际交往中，仪态的影响力甚至要超过语言。所以，每个人都需要把握好仪态，努力使自己的仪态体现出热情、友好、轻松、自然和自信。

一、表情

表情是指眼睛、眉毛、嘴巴、面部肌肉以及它们的综合运用，可以反映出人的心理活动和情感信息。在非语言符号中，表情的“词汇”非常丰富，它能生动、充分地展现出人的各种情感：高兴、愉快、喜悦、兴奋、激动、悲伤、忧郁、惶恐、失望、气恼、愤怒、自负、自卑、依恋、爱慕等。同时，表情也可以把人们的悲喜交加、爱憎交织、喜忧参半的复杂心态表现得淋漓尽致。

（一）眼神

眼睛是人类的视觉器官，可以有效地传递信息、表情达意。许多社会学家和心理学家的研究表明：人的眼睛与舌头“所说的话”一样多，不需要字典，就能够从眼睛的语言中了解整个世界。

礼仪链接

写给园长的信

有一位孩子家长给幼儿园的园长写信，反映这样一件事：“有一次，我向孩子班上的保育员了解孩子在幼儿园吃饭、午睡的情况，保育员一边用手机发短信一边回答我，眼睛都不看我。我感到很气愤，觉得自己受到了侮辱。在她看来，她的手机短信比我对她讲的话更重要，简直不把我放在眼里。”

从这个故事能够看出，目光所向可以体现出一个人的修养、素质，表现出对他人的重视、尊敬。

在与他人的交往活动中，眼神运用要符合一定的礼仪规范，运用不当往往被视为无礼，给人留下不好的印象。

1. 时间

与他人相处时，与对方目光接触的时间占和对方相处总时间的 1/3～2/3 比较好，每次看对方的眼睛 3 秒左右，应该把目光柔和、自然地“罩”在对方的脸上，而不是单单注视对方的眼睛，否则会给人一种死盯不放、瞪他或是不友善的感觉，也不要反复打量对方，更不要长久地注视异性。

双方交谈时，听的一方通常应该多注视说的一方。要经常保持双方目光的接触，长时间回避对方的目光或是左顾右盼，是“心里有鬼”或不感兴趣的表现。但如果一直用“直勾勾”的眼神盯着对方，也是非常失礼的。要随着谈话内容的变换及时、恰当地调整目光，使整个交谈融洽、和谐。

当双方都沉默不语的时候，最好把目光移开，避免双方因为一时没有话题而感到尴尬或不安；当别人说错话或拘谨的时候，不要正视对方，免得被对方误认为是对自己的讽刺和嘲笑。

2. 注视部位

眼神的表现力很丰富。根据交往中的活动内容、关系亲疏，眼睛注视区域有所不同。

公务注视区：公务注视区是以两眼为底线、额中为顶角所形成的三角形区域。这是在进行业务洽谈、贸易谈判或者磋商问题等公务活动时所使用的一种注视。看着对方的这个部位，不仅会给人严肃认真、诚实可信的感觉，而且有助于把握谈话的主动权和控制权。

社交注视区：社交注视区是以两眼为上线、唇部为下顶点所形成的倒三角形区域。谈话时注视对方的这个部位，可以给人平等、轻松的感觉，从而创造出一种良好的社交气氛。在茶话会、舞会和各种聚会等社交场合，适合采用这种注视区。

亲密注视区：亲密注视区是以两眼为上线、胸部中线为下顶点所形成的倒三角形区域。一般在亲人之间、恋人之间使用。

3. 使用眼神的注意事项

与人相处时，要注意以下的注视禁区：对方头顶、胸部、腹部、臀部、大腿、脚部和手部（有时候须根据具体情况判断，比如递接东西时就要注视对方的手部）。如果对方是异性，尤其要避免注视这些区域，否则会引起对方的反感。对异性反复打量也会使对方感觉不舒服。

与多人同时打交道时，要用“环视”的目光表示对每个人的重视，表现出一视同仁。注视角度要保持相对稳定，忌漠视、斜视，不要看人之后大笑或眯眼看人。

如果想要结束谈话，可以有意识地将目光稍微转向他处。当对方说了错误的话时，不要马上转移自己的视线，应该继续用柔和、理解的目光注视对方，否则会被对方理解为你在嘲笑他。当双方缄默不语时，不要再看着对方，以免尴尬。谈得投入时，不要东张西望，否则对方会认为你已听得厌烦了。

当被介绍与他人认识时，要看着对方的脸部，但不能上下打量对方。有求于对方或者等待对方回答时，略朝下看，以示谦恭。

进入上级的办公室后，目光不要落在桌面的文件上。走进陌生人的居室，不要东张西望。和长辈说话时，最好走近，用尊敬的目光直视对方。

上台讲话时，要先环顾四周，以示对到会人的尊重。在社交场合，最忌讳和别人眉来眼去以及使用满不在乎的眼神，这是没有礼貌的表现。

另外，在人际交往中，瞪大双眼表示愤怒、惊讶，睁圆双眼表示疑惑、不满。正常情况下，眼皮一般每分钟眨动 5～8 次，眨动过快表示思维活跃或在思索，眨动过慢表示轻蔑、厌恶等。有时，眨眼也可以表示调皮或不解。如果眼球反复转动，往往表示在动心思。如果“挤眉弄眼”，就是在向人暗示。所以，不但要把握好自己的眼神，也要学会观察别人的眼神。

（二）眉毛

眉毛同样能传递信息，虽然其准确性和丰富性不及眼睛，但也能表露人的真情实感。眉毛的不同状态代表了不同的信息与情感，例如：双眉平展表示身心欢悦而平和，眉梢微挑表示询问或怀疑，眉头紧皱表示不满、为难、厌烦或思索，眉梢耷拉表示无奈、遗憾、毫无兴趣或百无聊赖，双眉向上斜立表示气恼、愤怒或仇恨。

为了体现良好的形象和修养，日常交往中，双眉要经常保持在自然平直的状态，不要随便皱眉、挑眉梢。

（三）嘴巴

嘴巴表情达意的能力仅次于眼睛，不同的嘴部动作表示不同的意思，例如：微露牙齿的双唇表示对对方的友善，紧闭的双唇表示严肃认真思考和对待或者对某人某物感兴趣，稍稍噘起的双唇表示轻微地不高兴，努嘴表示怂恿或撺掇、嘲讽，撇嘴表示轻蔑或讨厌，咂嘴表示赞叹或惋惜。

在人际交往活动中，谈话时上下唇应自然开合，尽量少努嘴和撇嘴。站立、静坐或握手时，嘴巴可以微闭，不要露出牙齿，保持微笑状。

（四）微笑

笑是人类最美的表情，它是眼睛、眉毛、嘴巴和面部肌肉等的动作组合。微笑是最常见的、用途最广的、效益最大的一种表情。

礼仪链接

微笑的魅力

飞机起飞前，一位乘客请空姐给他倒一杯水吃药，空姐很有礼貌地说："先生，为了您的安全，请稍等片刻，等飞机进入平稳飞行后，我会立刻把水给您送过来，好吗？"

25 分钟后，飞机早已进入平稳飞行状态。突然，乘客服务铃急促地响了起来，空姐猛然意识到：糟了，由于太忙，她忘记给那位乘客倒水了。空姐迅速来到客舱，看见按响服务铃的果然是刚才那位乘客，她小心翼翼地把水送到那位乘客面前，微笑着说："先生，实在对不起，由于我的疏忽，延误了您吃药的时间，我感到非常抱歉。"这位乘客抬起左手，指着手表说道："怎么回事？有你这样服务的吗？你看看，都过了多久了？"空姐手里端着水，心里很愧疚。但是，无论她怎么解释，这位乘客都不肯原谅她的疏忽。

接下来的飞行途中，为了弥补自己的过失，每次去客舱为乘客服务时，空姐都会特意走到那位乘客面前，面带微笑地询问他是否需要水或者别的服务。然而，那位乘客余怒未消，并不理会空姐。

快到目的地前，那位乘客要求空姐把留言本给他送过去，很显然，他要投诉空姐。此时，空姐仍然不失职业礼仪，非常有礼貌，而且面带微笑地说道："先生，请允许我再次向您表示真诚的歉意，无论您提出什么意见，我都会欣然接受！"那位乘客脸色微沉，准备说什么，可是没有开口。他接过留言本，开始在上面写了起来。

待飞机安全降落、乘客离开后，空姐打开留言本，惊奇地发现那位乘客在上面写下的并不是投诉，而是一封热情洋溢的表扬信。

是什么使得这位乘客最终放弃了投诉呢？在信中，空姐读到这样一句话："在整个过程中，你表现出的真诚的歉意特别是你的12次微笑深深地打动了我，使我最终决定将投诉信改写成表扬信！你的服务质量很好，下次如果有机会，我还会乘坐你们的航班。"

空姐用自己真诚的微笑化解了乘客的不满，赢得了乘客的赞扬。

1. 微笑的内涵

（1）微笑是自信的表现。一个尊重自己、有理想、有抱负的人不会愁眉苦脸，会相信自己的能力，充分认识和肯定自身的存在价值，用笑脸面对一切、拥抱希望。

（2）微笑是个人礼仪修养的充分展现。一个有知识、重礼仪、懂礼貌的人即使面对陌生人，也会把微笑当作见面礼，慷慨地赠送给他人。

（3）微笑是和睦相处的反映。微笑就像"磁力""电波"，能使人心灵相通、彼此友好、互相亲近。用微笑表示问候、欢迎、尊重、告别、道歉，体现着人与人之间的友好、和谐、默契。

（4）微笑是心理健康的标志。一个心理健康的人一定会将美好的情操、愉快的心境、友好的态度恰当地表现出来，变成微笑。

2. 微笑的价值

微笑是一种无声的语言，是人们美好心灵与心境的外露，是善良、友好的暗示，是赞美、欣赏的象征，是一种令人愉悦的表情，是人际交往的"润滑剂"，更是一种力量。恰到好处的微笑，再配上优雅的举止，往往比语言更有魅力，可以收到"此时无声胜有声"的效果。

微笑可以用来应对许多场合与情境，使人们和睦相处；微笑可以表示欣赏与理解，使人感到温暖、轻松、愉悦；微笑也可以拒绝一些无聊的、不近人情的或难以回答的问题，摆脱尴尬的局面。

真诚的微笑可以表现出对他人的尊重、理解、同情，使自己成为一个善解人意、处处受欢迎的人；礼貌的微笑像春风化雨，滋润人的心田，一个知礼懂礼的人会将微笑当作礼物，慷慨地赠予他人；自信的微笑充满着朝气和感染力，能给自己和周围的人带来勇气和力量，在遇到困难或危险时以微笑面对，帮助自己攻克难关，迎来"柳暗花明又一村"。

3. 微笑的基本要求与练习方法

（1）基本要求。微笑的基本要求是：不出声，肌肉放松，嘴角向上略微提起，面含笑意。

微笑要发自内心、发自肺腑，无任何做作之态。要避免虚伪的笑。只有笑得真诚，才能显得亲切自然，使与你交往的人感到你的友善。

(2) 练习方法。为了使双颊肌肉向上抬，可以将口形调整为说普通话的“七”字音时的状态，同时要注意训练眼睛的“笑容”。取厚纸一张，遮住眼睛下边部位，对着镜子回忆开心的事情，使笑肌抬升收缩，做出微笑的口形。随后放松面部肌肉，眼睛恢复原状。

二、手势

手势是人们交往中经常用到的一些动作。不同的动作、姿态会给人不同的感受，不同的地域、文化对相同的手势也会有不同的理解。如果想借助手势更好地表达自己的意思和情感，就必须深入学习、正确使用。

礼仪链接

一个手势的影响

一位巴西商人到俄罗斯去做生意，经过买卖双方的努力，最终达成了协议，眼看就要签合同了，这位巴西商人高兴地做了一个交好运的手势，他把右手攥成拳头并把大拇指放在食指和中指之间。谁知，俄罗斯人见到这个手势马上沉下脸。翻译人员赶紧告诉巴西商人，这个手势在巴西表示交好运，可是在俄罗斯却表示侮辱人。巴西商人连忙道歉，但还是无法挽回局面。就这样，一个手势使一笔利润丰厚的生意告吹。

在一定的文化背景下，相同的手势可能代表不同的含义。不了解手势的意义与差别，可能会给我们的生活、工作带来麻烦甚至损失。

(一) 使用手势的要求

1. 适合

使用手势时，要考虑对方的年龄、地位、性别、文化素养、理解能力，还要考虑场合、环境、亲疏等。注意不同性别、地域、文化背景的人对手势的理解差异。

2. 一致

手势所表达的意思要与口头语言一致，否则会给人装腔作势、自相矛盾之感。

3. 简约

过多的手势会分散对方的注意力、影响对方的理解，还会显得不够稳重。所以，应该避免过多使用手势。

4. 优美

手势应该尽可能优美，幅度不宜过大，上不过头、侧不过身、下不过腰。

5. 准确

不同的手势表达不同的意思，只有准确地使用手势，才能避免误解。

6. 规范

在一定的文化背景下，每个手势都有其约定俗成的形态及要求，不能随意篡改、发挥。

（二）常见的手势及其含义

敞开双手：表示坦率、真诚、诚恳。

掌心向上：表示诚实、谦虚、屈从，无威胁性。

掌心向下：表示不坦率、缺乏诚意、命令。

双臂交叉：表示防御或有敌意。

食指刮下巴：法国特有的手势，表示拒绝。

V字手势：食指和中指分开竖起，使手背朝向自己，手心向外。这种手势现在普遍用来表示“胜利”（英文“victory”的第一个字母）。若是手心向内，就变成侮辱人的意思。在欧洲，这种手势还表示数目“二”。

OK手势：食指和大拇指环接成“O”形，其他三指自然弯曲。这种手势在美国和其他一些西方国家广为流行，现已逐步遍及全球各地。但这种手势在不同的国家和地区表达不完全相同甚至相反的意思，在运用和理解时应该注意区分。在美国，它表示“同意、了不起、顺利、赞赏”等；在法国，它表示“零”或“无”；在印度，它表示“正确”；在泰国，它表示“没问题”；而在日本、缅甸、韩国，它则表示“金钱”，在日本，它还表示“明白了”；在我国，它一般表示“零”或“三”，或“同意”；在巴西，它的意思完全不同，表示“引诱女人”或“侮辱男人”；在突尼斯，它表示“傻瓜”或“无用”；在印度尼西亚，它表示“什么也干不了”或“不成功”；而在某些地中海国家，它则表示“孔”或“洞”的意思；在俄罗斯和土耳其，它表示骂人的意思。

耸肩：表示无可奈何、无能为力。

拇指捻鼻尖：表示嘲笑，不相信。

竖食指：食指向上伸出，其他四指自然握紧。在有些场合，这种手势表示要发言。在我国，这种手势常表示“一”或“一次”，或是“提醒对方注意”的意思；而在日本、韩国、菲律宾、印度尼西亚、墨西哥等国，它则表示“只有一次”或“一个”；在法国，它是“请求、提出问题”的意思；在缅甸，它也表示“请求”的意思，有时还有“拜托”之意；在新加坡，它表示“最重要”的意思；而在澳大利亚，它则表示“请再来一杯啤酒”的意思。

手触前额：表示致敬、道别。

大拇指手势：垂直竖起大拇指，其他四指紧握。中国人用这种手势表示夸奖、赞赏之意。在美国、英国、澳大利亚和新西兰，这种手势大致包含三种含义：一是搭便车；二是表示“OK”；三是如果把拇指用力挺直，则有骂人的意思。在希腊等国家，其主要表示“够了”。在意大利，竖起大拇指表示“一”，加上食指表示“二”。在尼日利亚，这种手势表示骂人。

叫人：在美国呼唤服务人员，要用食指向上伸直；日本人招呼侍者，则把手臂向上伸，手掌朝下，并摆动手指；在中东各国，轻轻拍手，服务人员即会意而来。

鼓掌：观看演出时，频频鼓掌表示对演员的欢迎和鼓励；而在英国，有节奏地拍掌则表示对演出不满、轰演员下台。

三、鞠躬

鞠躬即弯腰行礼，是对他人表示恭敬的一种礼节，能表达鞠躬者对受礼者的尊敬、钦佩、问候，是我国的传统礼节，也是许多国家常用的行礼方式。

礼仪链接

一个鞠躬释前嫌

在某市环卫处精细化管理工作会议上，清扫保洁大队的一位姓唐的中队长在汇报工作："……加入管理员队伍后，压力很大，给她们（清扫员）一点建议，她们不但不接受，还对我大骂……"她的真情流露使与会人员个个屏住呼吸，饶有兴趣地想要听下去。唐队长继续说道："后来，李助理知道了，她开导我……在此，我代表 18 个中队的中队长向李助理表示感谢。"话音刚落，唐队长"唰"地一下站了起来，向李助理深情地鞠了一躬。面对突如其来的鞠躬，眼中饱含热泪的李助理也站了起来，回了唐队长一个鞠躬。与会人员惊讶地看着她俩的举动，这时，不知谁轻拍着手掌打破了这种宁静。随后，所有与会人员激动地鼓起掌来……

一个鞠躬，表达了不知多少语言所不能表达的情感。

（一）鞠躬的使用场合、对象

下级对上级、学生对老师、晚辈对长辈、接待者对宾客致意，表演者对观众、领奖者对颁奖者致谢，对逝者表示悼念等，都可以鞠躬。

（二）鞠躬的方法

持立正姿势，双目注视受礼者，面带微笑，以腰为轴，整个腰及肩部向前倾斜 15°～30°。目光要随鞠躬下垂，表示谦恭的态度。

男士双手自然下垂，贴放在身体两侧裤线上；女士双手则在身前轻轻相搭。

鞠躬时，可以问好或致谢、致歉。鞠躬礼毕起身时，眼睛要礼貌地注视对方，让人感到诚心诚意。

（三）鞠躬的注意事项

第一，鞠躬时不能戴帽子。

第二，鞠躬时不能吃东西或做其他事。

第三，鞠躬时不要叉开腿随便弯一下腰或向前探一下脑袋，这样做让人感觉敷衍了事，对受礼者很不尊重。

第四，鞠躬后，眼睛要礼貌地注视对方，不要将视线移向别处，否则显得不够真诚。

第五，如果迎面相遇行鞠躬礼，则在鞠躬礼毕后向右跨出一步，给对方让路。

礼仪链接

观仪态知心理

不同的仪态可以反映一个人的不同心理。

1. 笑

◆ 亲切自然的笑：内心平和、愉快。

◆ 眉开眼笑：真正的喜悦。

◆ 冷笑：不屑或极度不满。

◆ 淡淡的笑：敷衍、不放在心上。

◆ 只动嘴角的笑：客套。

◆ 扬起脸哈哈大笑：性格外向、有优越感。

◆ 笑时喜欢低头：羞涩。

◆ 一边笑一边左顾右盼：心中有秘密。

2. 手势

◆ 说话时用手搔脖子：表示怀疑或不肯定。

◆ 捶腿、摸胡子、揉眼睛、突然拍桌子：高兴、兴奋。

◆ 捶胸脯：悲痛。

◆ 搓手：为难。

◆ 自拍脑门：悔恨。

◆ 摸头发：紧张。

◆ 竖起大拇指：称赞。

◆ 伸出小拇指：蔑视。

◆ 说话时手掌伸开、手心朝上：表示诚实、直率。

◆ 一边说话一边摆弄手指：内心紧张。

3. 站姿

◆ 站得笔直：个性刚强、外向，内心火热，直言直语。

◆ 两脚叉得很开：有优越感，内心彷徨。

◆ 双臂抱在胸前：内心缺乏安全感、总在防御。

◆ 低头：心事多，思考能力强。

4. 坐姿

◆ 在椅子上浮坐并且姿势放松：居高临下。

◆ 只坐椅子一小部分并且上身前倾：对对方有尊重之意。

◆ 坐在椅子上动来动去：内心不安、无安全感。

◆ 坐在椅子上跷起二郎腿：有对抗意识和优越感，不适宜与人交谈的场合。

◆ 坐在椅子上用脚尖打拍子：随遇而安、适应能力强。

◆ 坐在椅子上双手放在椅背上：比较拘谨。

◆ 坐在椅子上双手交叉枕在脑后：热情、乐于助人。

◆ 性格开朗的人，落座时动作幅度大、速度快；个性文静的人，落座时动作小而轻缓；性格强悍、不拘小节的人，落座时动作大而快；性格谨慎的人，落座时动作小而迟缓。

◆ 深坐（坐得靠后，把椅子坐满）表现出一定的心理优势和自信，浅坐表现出尊重和谦虚。

◆ 男子张腿而坐表示个性奔放坦率、胸怀开阔，且有较强的自信；女子张腿而坐不雅观，是没有修养的表现，任何情况下都不可采用这种坐姿。男子并腿坐表现出严肃、郑重和认真；女子也常常采用这种坐姿，表现出端庄和郑重。

5. 走姿

◆ 走路沉稳、有力：性格稳健，行事周全、可靠。

◆ 走路无力、步伐沉重：精神不安定、心事重重。

◆ 走路匆忙、脚步声大：性格乐观。

◆ 走路抬头看天：城府深、防范心理强。

◆ 走路双手背后：内心平静。

四、站姿

正确、健美的站姿如松树一般，给人以挺拔笔直、舒展俊美、自然放松、精力充沛、积极进取、充满自信的感觉。

礼仪链接

奥运会颁奖礼仪志愿者练站姿

头上顶书、双膝夹纸、笑露 6 齿，这些都是 2008 年北京奥运会颁奖礼仪志愿者的训练项目。在北京奥运会颁奖礼仪志愿者培训情况发布会上，30 余名候选人展示了礼仪训练内容。

微笑时牙齿露出6～8颗，脸部表情不能僵硬，这就是“奥运微笑”的标准。10分钟后，有的候选人笑得脸上渗出汗来。曾参加测试赛颁奖礼仪服务的郝婧钰说：“开始掌握不好这个微笑的度，每人就咬着一根筷子练习，一节课下来嘴都麻了，但过几天一开口就基本达标了。”

为练好站姿，穿着5厘米高的高跟鞋的候选人将一本书放在头顶，双膝夹住一张白纸。郝婧钰说，这个姿势并不简单，往往一站就是一个小时，书和纸都不能掉下来。等到休息时，两条腿连弯曲都特别疼。

奥运会颁奖礼仪志愿者代表了中国的形象，对候选人进行站姿训练，是为了让她们在全世界面前展示出中国人的自信、挺拔、雅致，站出文明古国和礼仪之邦的风韵。

（一）规范的站姿

规范的站姿的基本要求是挺、直、高，具体要求如下。

头正：收颌梗颈，头顶上悬，双目平视前方，嘴微闭，表情自然，面带微笑。

肩平：两肩平正，微微放松，稍向后下沉。呼吸自然，气往下沉。

臂垂：两手臂放松，可以自然下垂于体侧，虎口向前，手指自然弯曲，中指对准裤缝；也可以两手在体前交叉（一般右手放在左手上），贴于自己的下腹部。

躯挺：胸部略向前上方挺起，腹肌、臀大肌微收缩并向上挺，臀、腹部前后相夹，髋部两侧略向中间用力；脊椎、后背挺直，腰部一定要立起来；整个躯干要做到上提下压，前后相夹，左右向中。

腿并：两脚跟相靠，两腿立直贴紧，膝关节伸直，髋部上提，双脚呈“V”字形或“丁”字形，脚尖开度为45°～60°，受力点主要落于脚掌、脚弓上，身体重心在两脚中间。

正面看：重心线在两腿中间向上穿过脊柱及头部。

侧面看：后脑勺、背部、臀部、小腿肚、脚后跟在一个面上。

这种规范的礼仪站姿同军人的立正是有区别的，与立正相比，多了一份自然、亲切和柔美。

要注意标准站姿的三个关键：一是髋部向上提，脚趾抓地；二是腹肌、臀肌保持一定的肌紧张，前后形成夹力；三是头顶上悬，肩向下沉。这几个部位的肌肉相互牵制，才能保持标准的站姿。

（二）男士的基本站姿

身体直立，挺胸抬头，下颌微收，双目平视，两膝并严，脚跟靠紧，脚掌分开呈“V”字形，挺髋立腰，吸腹收臀，双手置于身体两侧自然下垂。或者两腿分开，两脚平行，距离不超过肩宽，双手在体前交叉，右手搭在左手上。

（三）女士的基本站姿

双脚呈“V”字形，膝和脚后跟尽量靠拢；或者一只脚略前，另一只脚略后，前脚的脚后跟稍稍向后脚的脚背靠拢，后腿的膝盖向前腿靠拢，呈“丁”字形，双手在体前自然相搭。这两种站姿都是规范的，但要避免僵硬，肌肉不能太紧张。可以适时变换姿态，展示一种动感的美。

（四）站姿禁忌

不规范的站姿会给人轻浮、不懂规矩、没有教养的感觉。站立时，不要弓腰驼背、挺肚、后仰、撅臀、歪脖、斜腰、屈腿，腿脚不要晃动，不要将身体倚在门或其他物体上，站立要稳；两手不要插在衣服的口袋里或叉在腰间，也不要抱于胸前或交于背后；双脚不能分得太开；两眼不要左顾右盼。

（五）训练方法

贴墙站：靠墙站立，要求脚后跟、小腿、臀部、双肩、后脑勺都紧贴墙面。每天一次，每次坚持 20 分钟。

背靠背：两人背部相靠，将后脑勺、背部、臀部、小腿肚、脚后跟贴紧。每天一次，每次坚持 20 分钟。

头顶书：按照站姿要求站立，头顶放置一本书，使其保持稳定不下落。膝盖间夹一张纸，不能让纸掉下来，促使人保持身体平稳、挺拔，把颈部、上身挺直。下巴内收，保证重心线在两腿中间向上穿过脊柱、头部。每天一次，每次坚持 20 分钟。

五、坐姿

坐是一种相对静止的仪态，日常工作和生活中都离不开坐姿。坐姿要符合端庄、得体、大方的要求。优雅的坐姿传递着自信、友好的信息，也显示出高雅、庄重的良好风范。对男性而言，有“坐如钟”的比喻；对女性而言，端庄优美的坐姿会给人优雅、稳重、大方的美感。

礼仪链接

面试中的仪态

一位大学毕业生参加应聘面试。为了表示自己不拘谨、很放松、见过世面、“落落大方”，他一进门，未经考官招呼，就一屁股坐在了沙发上，一边作自我介绍，一边像老朋友见面似的与考官开着玩笑，说着说着还跷起了二郎腿并不停抖动。尽管他的专业、外语水平都不错，但面试的结果却是不合格。他对此感到迷惑不解，经打听，才知道考官觉得他举止轻浮，认为他是个不踏实、不可靠的人。后来，他吸取教训，注意改善自己的仪态。在另一个单位参加应聘面试时，考官一致认为他的专业、外语水平较高，且言谈举止礼貌、得体，当场就将他录用了。

同一个人的两次面试结果截然不同，充分体现了仪态、举止的重要性，也说明了一个人的仪态是可以通过训练来改变的。

（一）规范的坐姿

规范的坐姿的基本要求是庄重、大方、沉稳，具体要求如下。

上身：腰背挺直，胸部挺起，两肩放松，背部与臀部成直角。

头部：头要正，收颌挺颈，面部表情自然，面带微笑。

下身：大腿与双膝并拢，两脚可以斜放、前后放、交叉放。一般不坐满整个座位，而只坐座位的 2/3～3/4。

双手：双手自然放在双膝上或椅子的扶手上。

（二）入座的方式

轻缓地走到座位前，转身后（背朝座位）两脚略分开，一前一后，后面的腿试着碰到椅子、确认座位，两膝并拢的同时上身前倾，轻轻向下落座。如果女士穿的是裙装，在落座时应该用双手在背后从上往下把裙子拢一下，以防坐出皱褶或因裙子打褶被坐住而使腿部裸露过多，不要等坐下后再重新站起来整理衣裙。女士坐下来以后，膝盖一定要并拢。

（三）男士的六种坐姿

1. 标准式

上身正直上挺，双肩正平，两手放在两腿或扶手上，双膝并拢，小腿垂直于地面，两脚自然分开成 45°。

2. 前伸式

在标准式坐姿的基础上，两小腿前伸一脚的长度，脚尖不要跷起。

3. 前交叉式

在标准式坐姿的基础上，小腿前伸，两脚踝交叉。

4. 屈直式

在标准式坐姿的基础上，左小腿回屈，前脚掌着地，右脚前伸，双膝并拢。

5. 斜身交叉式

在标准式坐姿的基础上，两小腿交叉向左（右）斜出，上身向右（左）倾，右（左）肘放在扶手上，左（右）手扶把手。

6. 重叠式

右腿叠在左腿膝上部，右小腿内收、贴向左腿，脚尖自然地向下垂。

（四）女士的六种坐姿

1. 标准式

入座后，上身挺直，双肩平正，两臂自然弯曲，两手交叉叠放在两腿中部，并靠近小腹，两膝并拢，小腿垂直于地面，两脚自然并拢或者保持小“丁”字步或“V”字步。

2. 双脚斜放式

在标准式坐姿的基础上，两小腿向左方或右方略伸，两脚并拢，脚尖不要跷。

3. 双腿交叉式

在标准式坐姿的基础上，右脚后缩，与左脚交叉，两踝关节重叠，双膝并拢，两脚尖着地。

4. 前伸后屈式

在标准式坐姿的基础上，右脚前伸，左小腿屈回，大腿及双膝靠紧，两脚在一条直线上。

5. 双脚内收式

在标准式坐姿的基础上，两小腿后屈，脚尖着地，双膝并拢。

6. 双腿叠放式

双腿叠放式又称标准式架腿。在标准式坐姿的基础上，一腿向侧面与地面成 45°。一条腿提起，腿窝落在另一条腿的膝关节上边。要注意上边的腿向里收，贴住另一条腿。从正面看，两条腿是平行的；从侧面看，两条腿在同一条直线上，脚尖向下。

这种坐姿常常被电视节目的女主持人使用，它不仅优美文雅、大方自然、富有亲近感，还可以充分展示女性的风采和魅力。但这种坐姿不宜长久保持，否则会使骨盆变形。

（五）坐姿的注意事项

第一，左进左出。这是一种基本的礼貌，除非条件不允许，否则，在较正式的场合，都应该这样做。

第二，头部要端正，身体要直立。这不仅是规范坐姿的要求，而且有利于自己的身体健康，更是心态阳光、风度良好、富有进取心的表现。

第三，不要倚靠。规范的坐法应该是坐好后占椅面的 2/3～3/4，这样也便于在交谈的时候面向对方。

第四，倾听他人（领导、贵客）教导、指示时，除了坐姿要端正外，还要坐在座椅的前半部或边缘，身体稍向前倾，表现出对对方的恭敬、重视。

第五，女士就座时，不可随意跷腿，更不可将双腿叉开。无论采用哪种坐姿，双腿都应该是并拢的。如果想跷腿，架腿方式必须正确；如果穿着裙子，一定要小心盖住双腿，不要分开。男士可以交叠双腿，一般是右腿架在左腿上，但腿、脚不能晃动。

第六，就座时，双手不要叉腰或交叉在胸前，不要摆弄手中的东西，不要频繁地拉衣服、整头发，不要抠鼻子、掏耳朵等；不要双手抱在腿上或放在桌下、两腿间，也不要用手摸腿、摸脚；双肘支在面前的桌子上、托下巴的动作也应该避免。

第七，就座后，忌脱鞋袜、将腿放在桌椅上或蹬踏他物。无论男女，坐的时候都不要以鞋底示人。

(六) 坐姿训练

按坐姿的基本要领训练，重点注意脚、腿、腹、胸、头、手部位的训练（女生训练时，可在两腿之间夹一张纸），可配以舒缓、优美的音乐以减轻疲劳，每天训练 20 分钟左右。

六、蹲姿

在日常生活中，对于掉在地上或放在脚边的东西，人们一般是采用弯腰或蹲下的方式将其捡起或拿起，但是很少有人会注意到自己下蹲的姿势是否优美。其实，下蹲的姿势同样体现个体的修养以及对他人的尊重。

(一) 蹲姿要求

大腿靠近、臀部向下、屈膝、两腿合力支撑身体，上身尽量保持正直。

下蹲时，要迅速、美观、大方。若用右手捡东西，可以先走到东西的左边，右脚向后退半步后再蹲下来。脊背保持挺直，臀部一定要蹲下来，避免弯腰翘臀的姿势。男士两腿间可留有适当的缝隙；女士则要两腿并拢，穿旗袍或短裙时须更加注意，以免尴尬。

(二) 两种常见蹲姿

1. 交叉式蹲姿

生活中有时会用到交叉式蹲姿（如集体合影前排需要蹲下时，女士可采用这种蹲姿）。下蹲时身体稍侧，右脚在前，左脚在后，右小腿垂直于地面，全脚着地。左膝由后面伸向右侧，左脚跟抬起，脚掌着地。两腿靠紧，合力支撑身体。臀部向下，上身稍前倾。如图 2－1 所示。

2. 高低式蹲姿

下蹲时右脚在前，左脚稍后，两腿靠紧。右脚全脚着地，小腿基本垂直于地面，左脚跟抬起，脚掌着地。左膝低于右膝，左膝内侧靠于右小腿内侧，形成右膝高左膝低的姿态，臀部向下，基本上以左腿支撑身体。如图 2－2 所示。

图 2－1　交叉式蹲姿

图 2－2　高低式蹲姿

（三）蹲姿的注意事项

第一，忌弯腰、撅屁股、叉腿。

第二，下蹲时，与他人保持适当距离，以免发生碰撞。

第三，忌面对人或背对人下蹲。

第四，女士注意护前胸，以防内衣外露。

第五，女士穿裙装时，注意不要暴露隐私部位。

七、走姿

（一）规范的走姿

规范的走姿的基本要求是优雅、稳重、从容、大方，以下是规范的走姿的标准。

第一，方向明确。脚尖正对前方，女士走成一条虚拟直线，脚尖可偏离中心线约10°；男士双脚走在两条相距很近的虚拟平行线上，不要东张西望，要直视前方。

第二，步幅适度。步幅的大小一般与本人小腿长度接近，女士约35厘米，男士约40厘米，不宜过大或过小。

第三，速度均匀。行走速度一般是60～100步/分钟。脚步要自如、轻柔。

第四，重心放准。行走时，身体微前倾，重心落在前脚掌上。行进中，注意重心不断移动与交替。

第五，身体协调。行走时，头正挺胸，臀部肌肉收紧，胯向上提，双肩平稳，双臂以关节为轴自然摆动（摆动幅度以30°～45°为宜），脚跟先着地，膝盖在脚落地时伸直，腰部是重心移动的轴。

第六，造型优美。面向前方、两眼平视、挺胸收腹、腰挺背直、挺正脖颈，尽量让线条显得修长。

女士行走时，一定要注意步态。女性的步态是否优美，关键在于步位和步幅。步位是指脚落地的位置，两脚要踩在一条直线上，这样可使臀部扭动幅度适中；迈步时以大腿带动小腿，不要耸肩仰头，注意呼吸均匀，手不乱晃。步幅是指每步跨出去的距离，步幅过大难看，步幅过小又走不快。只有做到步位和步幅适宜，行走时才能给人以袅袅婷婷的感觉。走路时，要让步伐和呼吸有节奏地配合，否则会显得浑身僵硬。

（二）走姿的注意事项

第一，双臂摆幅不宜太大，忌左右摆动，忌双手插入裤袋、反背于身后。

第二，身体要挺直、平稳，忌摇头晃肩、弯腰、屈背、腆肚、扭动臀部，忌低头、仰头，或身体前俯后仰。

第三，膝盖与脚踝放轻松，勿僵硬，忌内、外八字步。

第四，步幅与呼吸相互配合。

第五，步率（速度）不可太快或太慢。

第六，忌面无表情、东张西望、敞开衣襟、勾肩搭背并排走、边走边吃东西。

（三）走姿训练

在地面上画一条直线或放置一根绳子，行走时，双脚内侧踩在线上或绳上。若稍稍碰到这条线或绳，即说明走路时两脚几乎是在一条直线上；若偏离这条线或绳，则说明走姿不够规范。训练时可以播放音乐，音乐节奏为 60～70 拍/分钟。

第三课 言谈之礼

一、语言技巧

语言是人类最重要的交际工具，文字则是记录语言的符号。“语言”一词在现代社会中的应用非常广泛，其内涵丰富，外延更扩展，如“计算机语言”“视觉语言”“电影语言”“校园语言”“网络语言”“导游语言”等。广义的语言包括声音语言和体态语言，在人际交往中，声音语言和体态语言同样重要，都起到“润滑剂”的作用。

（一）声音语言

语言交往是指人们运用语言的功能而进行的信息传递和相互影响的过程。语言是一种人类所特有的社会现象，是一种社会交往的工具，随着社会的产生而产生，随着社会的发展而发展。人们利用语言进行交流，从而达到相互了解、相互影响的目的，并形成社会生活。

1. 声音语言的作用

语言产生于原始人的共同劳动，人们在劳动过程中为了达到步调一致，相互配合，就必须用一种声音来指挥或引导。语言也产生于日常生活，人们用不同的声音来表达不同的思想、情绪和感情，这些声音不断发展、分化，并逐渐形成了有一定规律的语言活动。随后，人们又用一种符号系统按一定的规律来表现相应的语言活动内容，就形成了文字，文字的产生使语言的发展进入一个全新的时代，并极大丰富了语言的信息传递功能。语言是人类社会存在和发展的基础，也是人际交往的重要手段。

2. 声音语言交往技巧

在日常生活中，人们最直接、最广泛使用的语言交往方式是口头言语，即说话或交谈。虽然说话并不难，但要把话说得恰到好处，使对方能愉快地接受，对交往产生积极的影响，确实存在说话技巧的问题。

（1）说话应看对象、看场合。在日常生活中，不同的场合、不同身份的人交谈时所使用的语气、词汇和语法是明显不同的。对上级、长辈和老师说话时应该用尊敬的语气、高雅的词汇和正规的语法；与朋友、同事交谈时应该用随和的语气、通俗的词汇和一般的语法；与恋人、家人交谈时应该用亲切的语气、甜蜜的词汇和情感化的语法；医生与病人交谈时要用关心的语气、通俗易懂的词汇和正规的语法。

（2）先了解对方的心态再说话，以便正中下怀。谈话时最好先了解对方的心态，说对方希望听的话，让对方觉得与你不谋而合，这样不仅容易被人接受，而且可以很快缩短彼此间的心理距离。最怕的就是不了解对方的心态，说了对方不愿意听的话，这样会引起对方的反感。

（3）求同存异。不当面挖苦人，不当众揭别人的短，不当众批评别人。先肯定、接受对方的意见，这样才能使对方不反感。在交谈过程中，你可以使用这样的句式来引起对方的注意："我很赞同你的观点，当然，如果再……那就更……"由于你接受了对方的意见，可以避免正面冲突，作为回应，对方也极可能会接受你的意见。

礼仪链接

会提意见的高允

北魏的高允是一个很善于处理君臣关系的人，他从来不在大庭广众之下对皇帝提意见，如果有意见要提，也是单独求见，等皇帝将身边侍奉的人都遣开以后，才痛快淋漓地陈述，毫无顾忌，有时能从早说到晚。但走出皇宫以后，他便一字不提，大臣们谁也不知道他对皇帝说了些什么。因此，虽然他有时提的意见很尖锐，言辞很激烈，皇帝有些接受不了，但也不怪罪他，并对大臣们说："国君如同父亲一样，父亲有了过错，做儿子的为什么不写一封意见书当众宣读批评，而是关起房门私下里规劝呢？这不就是为了不让父亲的过错被外人所知吗？"

（4）说话清楚明确，既通俗易懂又不失幽默。谈话时应使用通俗易懂、深入浅出的语言，多作形象的比喻。语言的含义要明确，不能让对方猜测，以免引起误解。保持诙谐、幽默，以免让人难堪，这样的人最受欢迎。

礼仪链接

说话的技巧

有一天，一位商人邀请了几位好友到家里来做客。他让家人准备了一桌丰盛的菜肴，可左等右等就是不见客人来。后来，总算来了几位，待客人坐定后，商人开始抱怨起来："这该来的不来，真让人扫兴。"客人们一听这话，心想："那我们岂不是不该来的却来了吗？"于是，有几位客人便悻悻地借故告辞了。送走客人，商人回到席上，叹了口气说："这不该走的又走了。"剩下的客人心想："那我们不是该走的却不走吗？"于是，剩下的客人也都借故离去了。

（二）体态语言

体态语言是指通过人的面部表情和肢体等活动来表现个人情感的语言。正确运用体态语言可以为我们调节和控制交际气氛与节奏，增强交流效果，还可以促进朋友之间的情感交流。

礼仪链接

礼仪四证书

微笑是通行证。

穿着是许可证。

谈吐是结婚证。

举止是身份证。

1. 表情语言——笑容

笑容是一种很重要的体态语言。笑是口语交际活动中很好的润滑剂，可以迅速缩短交际双方的心理距离，体现人与人之间融洽的关系。在谈话时，我们不但要注意笑的作用，还应当力求善于笑。

要注意选择笑的时机、场合、话题，该笑的时候笑，不该笑的时候就不能笑。在欢庆的场合，在轻松的气氛中，在诚恳坦率的交谈中，应该笑；但在谈起不见好转的病情、同去世的朋友的家属谈话、说起工作中的重大失误和损失时，就不能面带笑容。

在日常生活的谈话中，笑容主要是根据交谈者之间的关系、谈话的内容以及谈话者的性格、习惯等自然表现出来的。

笑的方式有很多，如微笑、轻笑、大笑等。微笑是一种不露齿的笑容；轻笑表现为上齿露出，嘴巴微微张开；大笑则表现为嘴巴张成弧形，上下牙齿都可看见。

在谈话中，一般要以微笑为基调。微笑是一种恰到好处的可控性笑容，它使人觉得和蔼、可亲，是仪表的一个构成要素。微笑时面部肌肉容易控制，可以较长时间地保持笑容。笑的时候应该自然大方，得体适度。那种龇牙咧嘴的笑、谄媚逢迎的笑、挤眉弄眼的笑、忸忸怩怩的笑，都会给人一种不愉快的感觉和不良的印象。

笑容也反映了一个人的文化修养水平。我们需要不断提高文化修养，使笑容反映出美好的心灵。只有发自内心的笑才能感染对方，产生呼应。

2. 手势语言

在人类交际中，人们都会借助各种手势表达自己的思想。手势有时还可起到语言无法取代的作用，促进别人对你的理解。但是，手势有时也可能会给人们带来误解和麻烦。例如，用手指做 OK 手势在一些国家表示称赞，但在另一些国家却是一种不堪的手势。交叉两指在有些地方表示祝朋友好运，可是在另一些地方，这个手势恰恰表示绝交。

二、交谈技巧

（一）交谈的基本要领

1. 主动攀谈

在交谈活动中，社交者应主动与他人交谈，或者主动融入交谈的圈子。主动攀谈通常从自我介绍开始。最简单的方法是直接报上自己的姓名并简要介绍自己的特点，通常对方出于礼貌也会同样介绍自己，这样就能顺其自然地打开话题，有时，还可以用一件小事作为契机，创造与他人交谈的机会。例如，可以向他人请教问题："今天早上堵车堵得太厉害了！这附近是不是发生了什么事？"借此打开交谈的话题。还可以向他人请求帮助："可以帮忙插一下电脑插头吗？插座就在您背后。"借此创造交谈的机会。

与他人攀谈时可尽量提一些开放性的问题，即不能轻易地用一个简单的"是"或"不是"来回答的问题，否则谈话可能很快陷入僵局。所以，为了让交谈持久顺畅，所提的问题应该清楚、简单且没有标准的答案。例如，可以问"今天有什么打算？"或"我常在这儿看到你。这个地方对你有什么吸引力，让你这么流连忘返？"

与多人攀谈时应以平等的态度对待每一个人，不要厚此薄彼或者形成"小圈子""小团体"。否则，不利于自己与大团体进行沟通、交流，也不利于建立和谐的关系。

2. 选好话题

话题即交谈的主题。一般情况下，话题少而集中有助于交谈的顺利进行。社交者在选择话题时应当遵守因人而异的原则，即与他人交谈时应根据交谈对象的性别、年龄、性格、职业、身份、文化水平、兴趣爱好等因素选择合适的话题，以便交谈对象参与其中或彼此产生共鸣，从而达到沟通与交流的目的。

具体而言，社交者在与他人交谈时通常可以选择既定的话题、擅长的话题、高雅的话题、轻松的话题等。

（1）既定的话题。既定的话题即交谈各方事先商定的或其中一方事先准备好的话题。例如，讨论问题、征求意见、传递信息等类型的交谈话题一般都属于既定的话题。既定的话题最好由交谈的各方人员商定，若由一方确定，则应得到其他方的认可。

（2）擅长的话题。擅长的话题即交谈对象有所涉猎、感兴趣或熟知的话题。例如，与作家交谈时选择文学创作方面的话题，与律师交谈时选择法律方面的话题，与球迷交谈时选择体育方面的话题，等等。这类话题可为交谈对象创造发挥长处的机会，进而调动其交谈的积极性。

（3）高雅的话题。高雅的话题即内容文明、格调高雅的话题，例如哲学、文学、艺术、建筑等。选择这类话题可以体现自己的见识和修养，但切忌班门弄斧或不懂装懂，否则会贻笑大方。

（4）轻松的话题。轻松的话题即谈起来能让交谈对象感到轻松、愉快的话题，例如旅游见闻、风土人情、流行时尚、电视电影、烹饪小吃、体育比赛等。这类话题有利于营造融洽的交谈氛围，常适用于一般的社交场合。

礼仪链接

避免忌讳的话题

需要注意的是，与他人交谈时，尤其在与外国人打交道时，社交者应回避对方忌讳的话题，例如政治倾向、宗教问题、商业秘密、个人隐私（如年龄、婚姻状况、收入、身高、体重等）、他人长短，以及庸俗低级、悲伤压抑的话题（如不雅传闻、疾病、死亡、灾祸、惨案等）等。若不经意提到以上话题，则应立即道歉并转移话题。

3. 准确表达

与他人交谈时应尽量讲普通话，做到吐字清晰、发音标准、语速适中，准确地表达自己的观点或看法，以便他人听得清楚、明白。一般情况下，应慎用外语或方言。

交谈时应力求言简意赅，切忌过分雕琢语言、堆砌辞藻、废话连篇或喋喋不休。同时，用语应当通俗易懂，不可晦涩难懂、有歧义或模棱两可，以免他人产生理解上的困难或误会。

4. 善于倾听

沟通是一个说与听的互动过程，交谈双方既要准确地表达自己的观点，也要善于倾听交谈对象的言谈内容，并配以恰当的表情和举止，以示尊敬。倾听是交谈的基础，善于倾听是一种修养，也是创造良好人际关系的金钥匙。要想与他人融洽相处，必须先学会倾听。要想做一个好听众，则至少应做到以下几点：

（1）对他人所说的话产生兴趣。在交谈的过程中，无论自己对他人的发言是否感兴趣，或者对他人所持的意见是否赞同，都不能表现得心不在焉或者对他人的发言不闻不问，否则对交谈对象十分不尊重。正确的做法是认真倾听他人的发言，并适时地予以回应，直到他人把话讲完。

（2）不轻易打断他人的话。在交谈过程中，切忌随意打断他人的发言，即使自己有意见或者想提出建议，也应等对方先把话说完，否则对他人极不尊重。若确实需要插话，则应先向发言者打招呼或征得发言者的同意（如“对不起，我插一句话行吗”），然后插话，但所插之话不可冗长。

（3）不当众驳斥他人的观点。与人交谈时应当求大同、存小异。如果他人的言语没有违反伦理道德或辱及国格人格等，就没有必要当面加以否定。产生意见分歧时，切忌当众驳斥他人的观点，正确的做法是在友好交流的基础上先肯定对方观点的合理部分，然后表达自己的不同看法。此外，切忌在大庭广众之下纠正他人发音、用词、言谈中的失误。

5. 适当交流

交谈是个双向或多向的交流过程，需要各方人员积极参与。因此，在与他人交谈的过程中，自己发言时应给其他人留有发表看法的机会，当他人发言时自己也应适时地发表看法，以便各方互动、交流。与他人交流时，社交者应用心地寻找发言者话语中的亮点并积极地予以肯定，切忌质疑对方、纠正对方或与对方抬杠。

社交场合的交谈应适可而止，一般应在 30 分钟以内结束，最长不宜超过 1 小时。交谈过程中，每人每次发言的时间以 3～5 分钟为宜。

礼仪链接

“沉默是金”和“口无遮拦”

某公司在培训课程中让 10 个副总裁围成一圈，允许他们在一个半小时内畅所欲言，但不可以谈论关于公司的事情。于是，大家开始谈论天气、政治、体育等，其间还发生了争执。

一个半小时后，每个副总裁都按自己心目中的好感度对其他副总裁进行排序，并把自己安排在合适的序列位置。排序结果显示：排在倒数第一的是从头到尾没有讲话的人，排在倒数第二的是讲话最多的人。原因在于，在群体交谈中，若一个人有想法而没有表达出来，那么别人就会认为他没有意见；同时，若一个人讲了很多话，则可能无法得到太多好评，因为其所讲的一部分话可能很有意义，但言多必失，其讲话的部分内容可能不该讲。从这个角度来说，与他人交谈时，“沉默是金”和“口无遮拦”都不可取。

6. 举止得体

人们在交谈时往往会做出一些有意无意的肢体动作，这些动作通常是谈话者对谈话内容和谈话对象真实态度的反映，因而必须规范、得体。

具体而言，谈话者可以适当地运用动作语言来补充说明谈话内容，如谈话者可用点头来传达“我在注意听”或“我赞同”的信息，可用手势比划物体大小来传递直观信息等。但是，谈话者应避免做出多余或不雅的动作，例如手舞足蹈、拉拉扯扯、拍拍打打、左顾右盼、揉眼搔头、打哈欠、伸懒腰、跷二郎腿等。

（二）交谈的礼貌用语

中国有“君子不失色于人，不失口于人”的古训，意思是说，有道德的人对待他人时应该彬彬有礼，不能态度粗暴，也不能出言不逊。礼貌待人、文明用语是中华民族的优良传统。在日常生活中，尤其在社交场合中，使用礼貌用语十分重要。适当地使用礼貌用语不仅表示对他人的尊重，而且能展示自己的修养，有利于营造融洽的交谈氛围。

1. 文明用语

与他人交谈时应当用语文明、礼貌。首先，应善于使用一些约定俗成的礼貌用语，如“您”“您好”“请”“谢谢”“对不起”“再见”“请问”“请原谅”“请留步”“请用餐”“请指教”“请稍候”“请关照”“没什么，别客气”“应该的，我很乐意”等。其次，应尽量避免一些不文雅的语句和说法，对于不宜明言的事情，可以用委婉的语句予以表达。例如，想要上厕所时宜委婉地说“对不起，我去一下洗手间”或“不好意思，失陪一下”等。

礼貌用语的适当运用能对融洽人际关系起到意想不到的作用。当需要他人帮忙时，若善于用“请”字，则更容易获得他人的帮助。当别人给予自己帮助时，应向提供帮助的人道感谢语，如“谢谢”“非常感谢您的帮忙”等，致以诚挚的谢意，必要时应简要说明致谢的原因，这样能让对方倍感温暖。当因琐事致使他人不快时，应及时向对方道歉，以缓和紧张关系，及时化解矛盾，例如在公共汽车上不小心踩了别人的脚，一声“对不起”即可化解对方的不快。道歉时应有诚意，切忌道歉之前先为自己辩解以推脱责任；同时，道歉必须及时，若犹豫不决，则会失去道歉的良机。

2. 善用敬语

敬语亦称“敬辞”，与“谦辞”相对，是表示恭敬的礼貌用语。敬语通常用于比较正规的场合，常见的敬语有“阁下”“贵方”“尊夫人”等。在称呼交往对象的亲属或给他人写信时，常使用“令”“尊”“贤”三个字敬称对方的亲属。在日常生活中，使用频率较高的敬语有“请教”“包涵”“打扰”等。

需要说明的是，敬语中的“请”与请求语中的“请”在词义上略有区别，请求语中的“请”字侧重于向人求助，而敬语中的“请”字则侧重于表达对他人的尊重和敬意。在使用敬语时应注意以下两点：

（1）要心有所诚，才能口有所言。使用敬语时必须首先从心里尊重他人。这样，才能在语言上表现出对他人真正的敬意。在使用敬语时应注意神态专注和语气真诚。

（2）应针对不同的对象使用不同的敬语。也就是说，必须有针对性地使用敬语。

3. 巧用谦语

谦语亦称“谦辞”，与“敬语”相对，是表示谦恭的礼貌用语。使用谦语和敬语都能体现说话的人的文化修养。谦语常出现在书面语中，其适用范围较敬语的适用范围稍窄。谦语的常见用法为谦称自己和自己的亲属，例如“家母”“舍妹”“小侄”等。

礼仪链接

礼貌用语顺口溜

“您好”不离口，“请”字放前头，“对不起”时时有，“谢谢”跟后头，“再见”送客走。

与人相见说“您好”，问人姓氏说“贵姓”，问人住址说“府上”，仰慕已久说“久仰”，长期未见说“久违”，求人帮忙说“劳驾”，向人询问说“请问”，请人协助说“费心”，请人解答说“请教”，求人办事说“拜托”，麻烦别人说“打扰”，求人方便说“借光”，请改文章说“斧正”。

接受好意说“领情”，求人指点说“赐教”，得人帮助说“谢谢”，祝人健康说“保重”，向人祝贺说“恭喜”，老人年龄说“高寿”，身体不适说“欠安”，看望别人说“拜访”，请人接受说“笑纳”，送人名片说“惠存”，欢迎购买说“惠顾”，希望照顾说“关照”，赞人见解说“高见”，归还物品说“奉还”，请人赴约说“赏光”，对方来信说“惠书”。

自家住宅说“寒舍”，需要考虑说“斟酌”，无法满足说“抱歉”，请人谅解说“包涵”，言行不妥说“对不起”，慰问他人说“辛苦”，迎接客人说“欢迎”，宾客来到说“光临”，等候别人说“恭候”，没能迎接说“失迎”，陪伴朋友说“奉陪”，临分别时说“再见”，中途先走说“失陪”，请人勿送说“留步”，送人远行说“平安”。

4. 杜绝恶言

《礼记·祭义》载曰：“恶言不出于口，忿言不反于身。”意思是说，若自己不说伤人的话，那么别人就不会用怨恨的话回击。人与人相处时通常以善报善、以恶报恶。与人交谈也是如此。若自己以恶语伤人，则他人也会以恶语相加。这既是一个人际关系问题，也是一个道德修养问题。口出恶言在一定程度上暴露一个人教养的缺乏和性格的不健全。

具体而言，杜绝恶言的要求如下：

（1）不说脏话。说脏话可能是情绪的一种宣泄，也可能是一种行为习惯，但无论出于何种缘由，在人际交往中都不能说脏话，否则会显得非常没素质。

（2）不说粗话。例如，在社交场合称呼他人“老头儿”“老太婆”等，既很失礼，也很失身份。

（3）不说黑话。与人交谈时切忌戾气十足、满口黑话，否则会令人反感、厌恶。

（4）不说荤话。切忌把绯闻、色情、“荤段子”挂嘴边，否则会显得很没品位。

（5）不说怪话。切忌说话怪声怪气，否则不仅令他人难受，也让自己很失身份。

（6）不说气话。切忌说话时意气用事、发牢骚或指桑骂槐。

（三）交谈的常用技巧

懂得言谈艺术和交谈技巧的人，不仅能清楚地表达自己的观点和想法，而且容易在与人交往的过程中获得他人的好感。一次成功交谈的关键在于感情的交流和思想的碰撞，而并不一定需要运用机智的妙语或拥有雄辩的口才。与他人交谈时巧妙地运用赞美、幽默或拒绝的技巧，有利于营造良好的交谈氛围，进而促进人际交往。

1. 赞美的技巧

赞美能给人带来快乐和信心。在谈话过程中恰当地赞美他人有利于建立良好的人际关系。常用的赞美技巧有以下几种：

（1）直接公开式。直接公开式即在特定的公开场合或众人面前，热情、慷慨地赞赏他人的优点、观点。这种方式具有很好的激励作用，能够很好地传达赞美者的诚意。

（2）间接迂回式。间接迂回式即借助与交谈对象相关联的事物或第三者的话来表达赞美之意。例如，赞美一位出生于杭州的女士时可以说"'上有天堂，下有苏杭'，杭州的女孩子真是美若天仙啊"；赞美一位业务员时可以说"我常听刘经理提起你，他很欣赏你的做事方法和办事能力，今日一见，果然名不虚传"。这种方式往往具有增强客观可信度的作用，比直接公开式赞美的效果更好。

需要注意的是，赞美他人应当翔实具体、恰如其分，切忌无中生有或言过其实，否则会带有讽刺之意，进而弄巧成拙。

2. 幽默的技巧

幽默是一个人智慧、修养等方面的综合体现，它能够活跃交谈气氛、协调人际关系。常用的幽默技巧有以下几种：

（1）否定式。否定式即用否定的方式间接地肯定某事物。例如，一位顾客在饭店吃饭时发现米饭中有很多沙子，于是不得不将沙子吐在桌上，服务员看到后抱歉地问："净是沙子吧？"这位顾客摇摇头，然后微笑着说："不，也有米饭。"顿时，两人都笑了。这种幽默让服务员消除了不安心理，同时也让其认识到了问题所在。

（2）误解式。误解式即有意无意地误解谈话语句中某个词的词义、发音、所指重点或交谈对象所要表达的某一事物，并给予反逻辑的回答或反应，从而制造笑料。例如，一位女士将宠物狗放在沙发上并逗着玩，其丈夫回来后大叫："天哪，你把小狗抱到沙发上了？"这位女士笑着说："难道你想让小狗把我抱到沙发上吗？"

（3）夸张式。夸张式即用言过其实的方式表达事物的本质，进而取得幽默效果。例如，一位顾客在餐馆吃饭吃到了石子，便指着饭碗里的石子高喊："服务员，快来呀！请帮我把这块石头从饭碗里抬出去。"

3. 拒绝的技巧

在与他人交谈的过程中，社交者有时需要运用一些技巧来拒绝他人，以避免他人陷入尴尬局面或使他人的自尊心受到伤害。常用的拒绝技巧有以下几种：

（1）迂回诱导。迂回诱导是指通过迂回战术诱导他人，使其领会婉拒含义或者知难而退，从而避免尴尬。

（2）有意延时。有意延时是指通过拖延时间来拒绝他人，以避免现场回绝时的尴尬。例如，"嗯，我先想想办法，看能不能办成，然后尽快给你一个回复"。

（3）假设后果。假设后果是指按他人提出的要求或条件，假设可能产生的后果，让其知难而退。例如，"这事由我出面的话，恐怕张女士会误会更深"。

（4）自嘲婉拒。自嘲婉拒是指在自己身上找一个相关的缺陷或借口，向对方暗示自己不适合答应其请求。例如，“目前我没有完成这件事情的水平啊，若现在按照你的要求做事，就属于无证上岗了。”

礼仪互动

在日常交谈活动中你使用过哪些交谈技巧？请和其他同学分享。

（四）交谈的常见禁忌

与人交谈时应避免触犯交谈禁忌，否则将不利于彼此之间的沟通。具体而言，常见的交谈禁忌有以下几种。

1. 当众揭露他人的隐私

有人喜欢当众谈论或揭露他人的隐私，这是很不明智的行为。心理学研究表明，谁都不愿把自己的隐私曝光在公众面前，一旦被人曝光，就会感到难堪甚至气愤。因此，在与他人交谈过程中应尽量避免谈及交谈对象或其他人的隐私、过错等敏感内容。

2. 大肆宣扬他人的失误

在交际活动中，人们常会碰到这种情况：讲了一句行外话，念错了一个字，弄错了一个人的名字等。在这种情况下，犯错的人本已十分尴尬，此时若对其所犯错误或失误大肆宣扬，或者幸灾乐祸地加以嘲笑，往往会伤害其自尊心，甚至使其产生怨恨心理。一般来说，只要交谈对象的错误或失误无关大局，就不必搞得人尽皆知，更不必小题大做，拿他人的错误或失误当作笑料。因为这样做不仅对成功交流无益，而且有损自己的社交形象。

总之，与人交谈是一门艺术，它反映一个人的思维、能力和素质。交谈技能可以通过训练来不断提高。要想让自己在人际交往活动中受欢迎，就应下点功夫来了解交谈对象的禁忌，并掌握一定的交谈技巧，丰富自己的知识储备。平时还应加强语言知识和语言技巧的学习，不断提高自己的交谈技能。

礼行体验

训练内容

学生每 5 人一组，练习领带的系法和服装的搭配，学会分析着装与角色、场合、时间、目的等因素的匹配性，培养正确的着装审美观念。

训练要求

（1）全班学生分组，各小组成员练习领带的系法。

（2）教师采用分步讲解、示范领带的系法（示范平结、双环结、交叉结、双交叉结和温莎结的系法），学生根据示范操作反复练习。

（3）各组成员根据自身特点（如肤色、身高、胖瘦、气质等）设计服装搭配方案，自创情景并进行服装搭配表演。

（4）各小组展示训练成果。

训练评估

教师可根据表 2－1 的内容对各组成员的训练情况进行评价。

表 2－1 训练情况评价表

评价内容	分值	自评分	教师评分	综合评分
展示领带的基本系法（任选 3 种）	20			
根据自身特点设计服装搭配方案	20			
展示西装的规范着装（男士）	20			
展示套裙的规范着装（女士）	20			
着装搭配方案与所创情景中的角色、场合、时间等相匹配	20			

学以致用

1. 如何保持个人良好的卫生状况？以自查和互查的形式，检查班中每位同学的卫生情况。

2. 穿着西服有哪些礼仪要求？

3. 穿着套裙有哪些礼仪要求？

4. 如何合理地选择配饰？

5. 结合身边的情况，谈谈日常生活中有哪些违反服装礼仪规范的现象。

6. 你的站、坐、走、蹲等姿态是否规范？请同学或朋友每周拍下你日常的站、坐、走、蹲等姿态（尽可能拍到各个角度），然后再按你所理解、掌握的规范动作拍一组站、坐、走、蹲等姿态的照片。连续拍一个月，每次把照片对比着看，检查你是否有进步，还有哪些动作不够规范，找出自己的问题并加以纠正。

单元三

家庭礼仪

学习目标

知识目标

了解家庭礼仪的作用、特点及内容，掌握家庭聚会、家庭成员、邻里之间的礼仪。

能力目标

学习家庭礼仪，能够培养家庭成员之间的感情，使家庭关系更加和谐。

素养目标

通过遵循家庭礼仪，每个家庭成员都能明确自己在家庭中的位置和角色，从而更加积极地履行家庭责任，为家庭的幸福和美满贡献力量。

单元导读

家庭是社会的重要细胞，是社会的重要组成部分。家庭礼仪是生活中的必要礼仪。家庭成员之间要以礼相待；邻里之间要互谅、互让、互助；待客、做客也要遵循礼仪规范。

家庭是人生的第一所学校，父母是人生的第一位老师。对于同学们来说，家庭还是我们人际交往的起始，父母和亲戚是我们最初的、也是最密切的交往对象。

我们在家庭中成长，受到庇护，家庭生活也是社会生活的提前练习。从家庭生活中，从与亲近的家人相处中，我们学习做人的礼貌，不断提高自己的修养，养成文明的习惯，只有这样才能在社会上做一个文明、备受欢迎的人。

第一课 家庭礼仪概述

家庭礼仪是指人们在长期的家庭生活中，用以沟通思想、交流信息、联络感情而逐渐形成的约定俗成的行为准则和礼节、仪式的总称。

一、家庭礼仪的作用

（1）家庭礼仪是维持家庭幸福的基础。

（2）家庭礼仪能使家庭成员之间达成和谐的关系。

（3）家庭礼仪有助于社会的安定和国家的发展。

二、家庭礼仪的特点

家庭礼仪的基本特点主要表现在以血缘关系为基础，以感情联络为目的，以相互关心为原则，以社会和谐为标准四个方面。

三、家庭礼仪的内容

（一）成员礼仪

成员礼仪主要是指成员之间的礼仪规范，如夫妻之间的礼仪、父母子女之间的礼仪、兄弟姐妹之间的礼仪等。

（二）称谓礼仪

称谓存在着很强的适应性和广泛性，并紧紧伴随着家庭成员之间的人际交往。在家庭中，称呼家庭成员要符合礼仪规范。

（三）家庭聚会礼仪

家庭活动中离不开某些仪式，例如婚礼、葬礼等。这些仪式都有各自不同的一套行为准则与活动规范，举办者与参加者虽然所处的地位、身份不同，但其行为都应遵从或符合一定的礼仪规范和要求。

第二课 家庭聚会礼仪

一、参加婚礼礼仪

通常，人们参加婚宴都要准备一份贺礼，用红纸或专门印制的双喜字封包，里面放入适当的礼金，礼金数目根据个人的经济情况和与新郎、新娘关系的远近亲疏而定，但都要取双数，含六为“禄”，含八为“发”，含百为“白头偕老”的意思。

到了婚宴场所，新郎、新娘一般都在入口处迎宾，客人要上前道贺，并从容取出贺礼，送到新人手上。

在参加婚宴时若以实物代替礼金相赠，要在封包和礼品上写上新郎、新娘名字和“祝新婚之喜”等祝福的话，下面书写“××敬贺”。

进入宴席，要按照主人或主持人的引导就座，如果没有人引导，可以和熟悉的亲友坐在一起，但应注意不要主动坐到“新人桌”或“父母桌”。席间取菜、吃食要讲究礼貌。新郎、新娘到各席敬酒致谢时，大家起立举杯，和新人轻轻碰杯，再道“恭喜”。

礼仪链接

参加婚礼五大戒条

一戒抢新娘的风头；二戒穿着随便，衣着不整；三戒风言风语攻击新人；四戒闹洞房时过分开玩笑；五戒敬酒发言时东拉西扯、没完没了。

二、参加葬礼礼仪

由于亲人去世，丧者家属情绪都比较哀伤。为了体现自己对死者的尊重和对丧家的同情，参加丧礼时，一定要注意：保持悲伤的情绪；不能面无表情，无动于衷，更不能露出厌烦的神情甚至笑容；着深色服装（黑色为最佳），切忌穿得花哨，与死者有亲属关系的，衣袖上要戴上黑纱，与死者属朋友关系的，也可在胸前佩上白花；不可昂首阔步，而应微微低头，缓步慢行；讲话时声音要低沉，不可与参加丧礼的人交头接耳，讨论其他事情，甚至谈笑风生；对死者的家属可进行劝慰，用温情关切的语言劝其节哀，此时禁言也是适宜的。

三、参加祭扫礼仪

祭奠是对已逝先人的一种纪念形式，一般可分为两类：家庭祭奠和扫墓祭奠。家庭祭奠，一般在过世的父母、祖父母的生辰或忌日时举行。扫墓祭奠，一般在清明节、中秋节和春节举行。祭扫先人墓地，鞠躬悼念，寄托哀思。

四、参加应酬礼仪

在家庭礼仪中常会涉及应酬客人的问题。它与个人礼仪、社交礼仪密切相关。

在家庭聚餐时，敬酒碰杯的位置是有讲究的，晚辈敬酒给长辈时，晚辈的杯子要稍微低一些，以显谦卑；如果对方刻意要求的话可以平头，切不可高于对方的杯子。

碰杯的同时说一些祝福的话。

关于座位的问题，如果是在酒店，人们一般把面向南的位置定为主位，其他为次位。在不好确定方向时，一般会把面向包间进门的座位定为主位，其他为次位。

第三课 家庭成员礼仪

一、亲人相处礼仪

（一）孝敬长辈

儒家经典《孝经》载曰："教民亲爱，莫善于孝。教民礼顺，莫善于悌。"意思是说，教育人民互相亲近、友爱，没有比倡导孝道更好的了。教育人民礼貌和顺，没有比服从自己兄长更好的了。自古以来，"亲慈子孝"是中国家庭关系的理想模式。在日常生活中，我们对长辈的孝敬不应该仅见诸言辞，更重要的是要付诸行动。

1. 听从教导

当长辈教导晚辈时，晚辈一定要做到以下几点：虚心听取，表示感激，知错就改。不要顶撞长辈，不要过分地夸大长辈与晚辈之间的代沟，更不要片面地认定长辈都是"守旧""落伍"的人。

晚辈要学会从长辈的教导中吸取教训、不断进步。对长辈来说，晚辈的点滴进步和成绩就是对他们最好的安慰和回报。

2. 学会沟通

长辈通常对晚辈倾注了很多关爱，常希望能够随时和晚辈取得联系，了解晚辈的近况。作为晚辈，要经常主动与长辈联系、沟通。老年人比较害怕孤独寂寞，作为晚辈，要经常去探望长辈。如果不方便经常探望，则应经常打电话问候。如果和老人共同居住，则应常陪老人聊天，主动关心老人的身体和生活。

子女应当多与父母沟通，及时汇报自己的思想情况。父母了解子女的想法后，就不会产生误解了。

3. 体贴爱护

一般来说，对长辈的体贴关爱不仅要体现在物质给予上，更要体现在对长辈的精神帮助上。对待父母，子女应该常怀感恩之心，体谅父母的良苦用心，并在力所能及的范围内帮助父母分担家务。例如，主动洗碗、打扫房间、洗衣服等。

在父亲节、母亲节、父母的生日等特殊的日子，子女可以准备一些礼物，向父母表达爱意。在自己生日到来时应当真诚地向父母表达感恩之情。

随着年龄的增长，长辈的身体健康状况会有所下降。晚辈应多抽时间陪长辈聊天，多说一些开心的事，让长辈感受生活的美好并获得愉快的心情。

4. 回报关爱

亲人之间的关爱是维系家庭关系的纽带。在现实生活中，一部分人与家人相处时往往不讲礼貌，不懂得回报父母的关爱。例如，采用“喂，喂”的方式称呼亲人；父母身体不适时不懂得关心，不知嘘寒问暖等。

当然，长辈通常不会与晚辈计较这些细节，但晚辈对长辈不讲礼貌、缺乏关爱，终归会刺痛长辈的心。所以，我们应该将亲情大爱铭记于心，并在力所能及的范围内回报关爱。

礼仪互动

有些同学说，每天都与家人在一起，彼此之间的关系必然是亲密的，难道还用客套么，还用讲究礼仪？这会不会是假客气呢？

请问：你怎么看待这种说法？你在家里的表现是怎样的？

（二）关爱同辈

兄弟姐妹在成长的过程中朝夕相处，亲密无间，手足情深，应当相互关爱。

1. 相互尊重

每个人都应尊重和保护自己的同辈。哥哥、姐姐应保护年幼的弟弟、妹妹，独生子女应经常与堂兄弟姐妹或表兄弟姐妹保持联系。与同辈相处时要互相谦让，同辈之间应团结友爱、宽厚待人。

2. 彼此关爱

兄弟姐妹之间应当彼此关爱，这种关爱应该是无条件且不求任何回报的。对于哥哥、姐姐给予的关爱，弟弟、妹妹应礼貌地领情并表示感谢，而不要认为哥哥、姐姐关爱自己是理所当然的。

（三）善于沟通

人际交往，始自沟通。我们应该主动真诚地和亲人沟通。与亲人交谈是一种最基本的沟通方式。与亲人沟通交流时应注意以下几点。

1. 真诚沟通

“爸爸”“妈妈”这是世界上最温暖的字眼，也是我们生命中最重要的人。可是随着年龄的增长，我们和父母之间的交流往往越来越少，面对父母的教诲，有时候还会产生抵触情绪。为了改善这种相处现状，最好的办法就是与父母加强沟通。只有通过沟通，才能消除与父母的隔阂，并增进彼此之间的情感。此外，在现代社会，人们的生活压力很大，减轻压力的办法之一就是找人倾诉，而父母往往是最好的倾诉对象。

礼仪链接

及时沟通，消除误会

一天，小芳将同班一位男同学带回家吃晚饭。女孩的妈妈以为女儿找了男朋友，就不容分辩地训了小芳一顿。小芳很爱妈妈，理解妈妈当时的心情，所以被妈妈训斥的时候她不急不恼。等妈妈说完之后，小芳心平气和地解释道："妈妈，您误会了，他不是我男朋友，今天是星期六，他家离学校很远，暂时回不了家，而且他最近两天没钱去食堂吃饭。我是他的同学，您说我能看着不管吗？"妈妈觉得女儿说得有道理，便不再因为这件事生气了，还愉快地接待了那位男同学。

2. 及时汇报

作为子女，我们应该积极主动地向父母汇报自己的各方面情况，以免父母挂念；有时候，及时汇报自己的情况，还能够得到父母的理解、支持和必要的帮助。

3. 委婉规劝

人无完人，父母也可能会犯错。作为子女，面对父母的错误或失误，切不可得理不饶人。必要的时候，应该委婉地规劝他们，向他们传达科学的思想与观念，以帮助他们认识错误、纠正言行或解决问题。若采用过激的方式对待家人，则可能会伤害家人，甚至加深彼此之间的隔阂。

4. 勇于道歉

家庭成员在共同生活过程中难免会发生一些冲突或摩擦。如果自己做错了事，则应勇敢地承认错误并向家人道歉，检讨自己处理问题的方式与态度，请求家人原谅。

二、待客做客礼仪

（一）家庭做客礼仪

1. 做客基本礼仪

拜访亲戚、朋友是人际交往中不可缺少的活动，到亲戚、朋友家做客时应遵守以下礼仪规范：

（1）提前预约。事先约定拜访时间，以便主人提前做好安排。最好根据主人的情况来确定拜访时间，不宜在主人较忙或吃饭的时间去拜访，且不宜晚上拜访。拜访前应整理好自己的服饰和仪容，确保仪表整洁大方。

（2）准时到达。作为客人，应准时到达做客地点，不宜迟到，也不宜早到。

（3）敲门进入。到达主人家后应礼貌地敲门或按门铃，敲门时应力度适中并有节奏感，一般敲三下即可。敲门时切忌用力过猛、频率过高；按门铃时切忌长时间按着门铃不放。

（4）换鞋入室。入室前应在门口换上拖鞋，之后方可进入室内；如身着外衣，可将外衣脱下并放到指定的位置。

（5）礼貌问候。随主人进入待客厅后，应向主人的家人和在座的其他客人礼貌地打招呼，待主人招呼后在指定的位置就座。

（6）互动有礼。在主人家中见到长辈时应恭敬地起立并向其问好。对于后到的客人，应起身迎接；当其他客人告辞时应起身相送。切忌在其他客人刚到达待客厅时就马上起身告辞。

（7）礼貌交谈。在交谈过程中应善于挑选合适的话题，讲究交谈技巧和礼仪，善于倾听、提问并给予积极的回应。

（8）适时告辞。适时收住话题并起身告辞。告辞时，应向主人及其家人表示感谢。如果带有礼物，则应在见面或道别时礼貌地将其递交给主人。当主人热情送别时，应请主人留步。

2. 做客注意事项

（1）未经同意不得在主人家中乱走，也不能随意翻阅主人的物品；受主人邀请而参观其家具布置或种植的花草时应表现得十分感兴趣并热情地赞赏。

（2）勿随意谈论主人的失误、短处及家务事，若不小心谈及，则应及时道歉。

（3）发现主人神色倦怠时应适时告辞。若主人留自己在家中用餐，则饭后应先停留一段时间再告辞。

（4）辞行时应态度坚决，不要说了好几次“再见”后依然不起身离开。如果有意请主人回访，则可在此时发出邀请。

礼仪互动

在日常生活中，你去亲戚、朋友家做客时有过哪些不礼貌的言行？请与同学展开讨论，然后每两人一组，练习待客与做客的相关礼仪。

（二）家庭待客礼仪

孔子说：“有朋自远方来，不亦乐乎？”中华民族是一个热情好客的民族，继承传统，热情接待客人，令客人有宾至如归之感，是现代中职生应该做到的。

古人曾经说过：“主雅客来勤。”这个“雅”字，既体现了家庭的文明程度、门风和修养，又体现了对待客人应有的态度。善待来客是中华民族的传统美德。通常所说的“款待客人”中的“款”字，就是热情诚恳的意思。对于来访的客人，不论年长年幼、交往深浅，都应热情欢迎、平等对待。当然热情应该适度，如果过于热情，则会令客人局促不安。“在家不会迎宾客，出门方知少主人”这句话道出了待客礼仪的重要性。待客礼仪是指主人接待客人的礼仪、礼节。待客时遵守待客礼仪规范既能让客人感到亲切、自然，也能让主人显得有情、有礼。主人待客时应做到以下几点。

1. 精心准备

在客人到来之前，主人应做到以下几点：首先，整理好自己的仪容仪表，以良好的形象和精神状态迎接客人，切忌浓妆艳抹；其次，布置接待环境，让待客厅洁净而温馨；最后，准备接待物品，例如茶具、茶叶、水果、小吃等，如图 3－1 所示。

图 3－1 待客茶点

2. 热情迎接

对于重要的客人和初次来访的客人，主人应亲自前去迎接。对于远道而来的客人，可向客人询问到达时间并到机场、车站或其下榻之处恭迎。客人一般会在约定的时间到达，主人应该提前到约定地点迎接。见到客人后，主人应热情地与其打招呼，以示欢迎。

3. 礼让尊位

客人入室之后，主人应为其妥善存放外套、帽子及随身携带的物品，然后引领客人入座。主人在安排待客座次时应将客人安排在尊位上。尊位的确定方法通常包括以下几种：

（1）面门为尊。若宾主双方相对而坐且其中一方的座位面向正门，则面向正门的座位为尊位，此座应礼让给客人；背对正门的座位为卑位，此座适合主人，如图 3－2 所示。

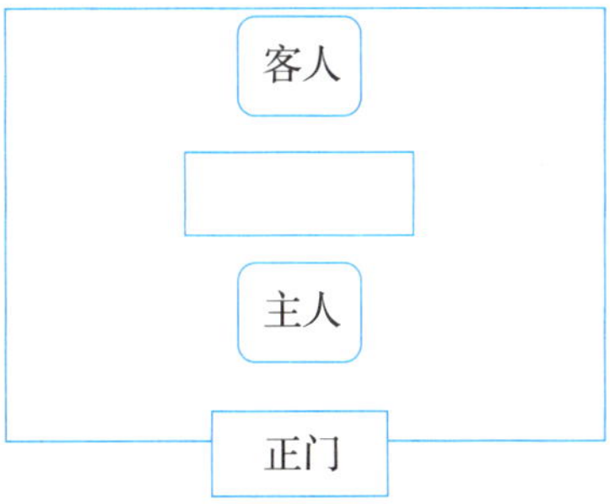

图 3－2 面门为尊的座次安排

（2）以右为尊。当宾主双方面向正门同向而坐时，以面向正门方向的视角为基准，右位尊、左位卑；主人与客人侧对正门相对而坐时，以进门方向的视角为基准，右位尊、左位卑。以右为尊的座次安排如图 3－3 所示。

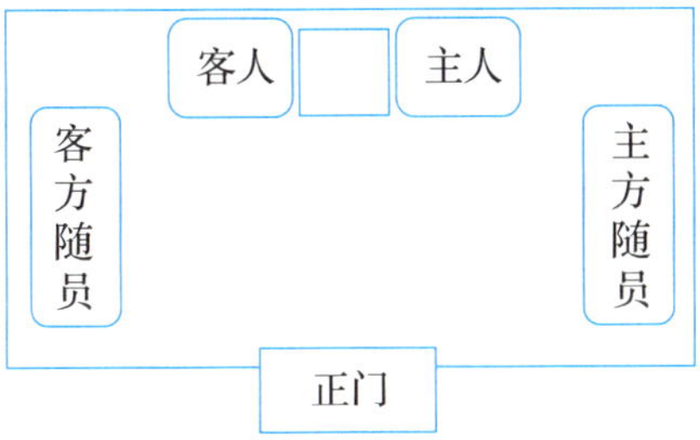

（a）双方同向而坐的座次安排

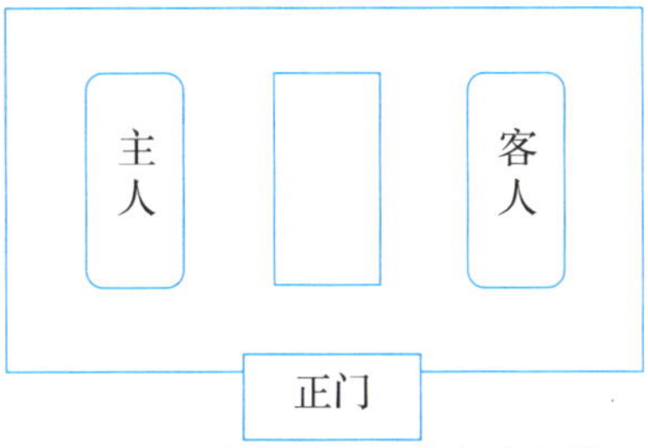

（b）双方相对而坐的座次安排

图 3－3 以右为尊的座次安排

(3) 以远为尊。当宾主双方并排坐于正门的一侧时，离门较远的座位为尊位，较近的座位为卑位，如图 3-4 所示。

(4) 居中为尊。当客方人数较少而主方人数较多时，以面向正门的座位为尊位，两侧或四周的座位为卑位，呈现“众星捧月”的格局，如图 3-5 所示。

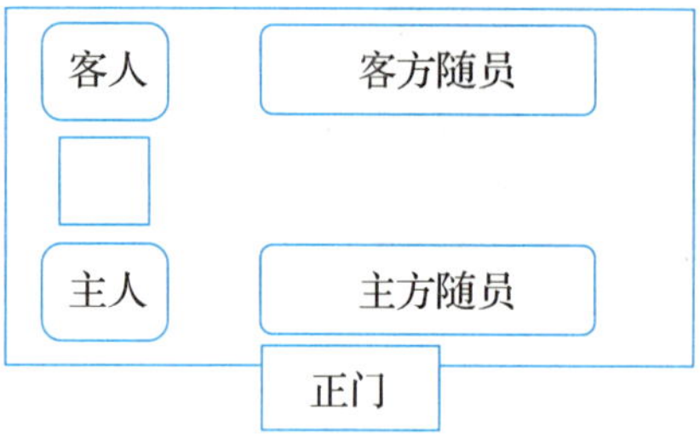

图 3-4　以远为尊的座次安排

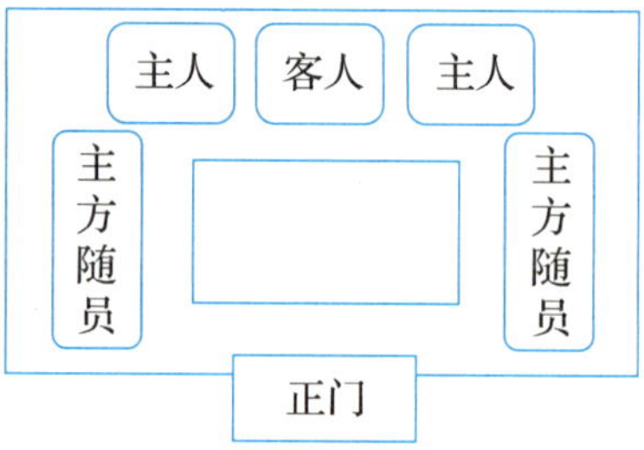

图 3-5　居中为尊的座次安排

(5) 佳座为尊。佳座为尊，即质量或舒适度较好的座位为尊位。例如，长沙发尊于单沙发，沙发尊于椅子，椅子尊于凳子，高座椅尊于矮座椅，等等。

(6) 自由为尊。自由为尊，即客人自行选择的座位为尊位，此时，主人只需坐于客人的一侧或周围即可，切勿纠正对方或让对方换座。

4. 恭敬奉茶

在客人入座后、开始交谈前，主人应为客人奉茶。奉茶时应注意以下礼仪：

(1) 奉茶人员。奉茶人员的身份高低体现了主人对客人的重视程度。在家中待客时，一般可由家中的晚辈奉茶；接待重要客人时，应由女主人或男主人奉茶。

(2) 奉茶次序。当客人较多时，奉茶应按照以下顺序进行：1) 先客人，后主人；2) 先主宾，后次宾；3) 先长辈，后晚辈；4) 先女士，后男士；5) 先职位高者，后职位低者。

若客人为同辈人，则可按以下顺序奉茶：1) 以奉茶者为起点，由近及远地依次奉茶；2) 以客厅之门为起点，按顺时针方向依次奉茶；3) 按客人到来的先后顺序奉茶。

(3) 奉茶方法。奉茶时应当把握茶勿斟满、左下右上、右侧递上和适时续茶的要领。

1) 茶勿斟满：茶不可斟得太满，一般以七分满或八分满为宜（见图 3-6），否则会有厌客或逐客之嫌。

2) 左下右上：即奉茶时应以左手托住杯底、右手扶住茶杯，恭敬地递给客人，如图 3-7 所示。双手奉茶时，切勿将手指搭在杯口上或浸入茶水中。

3) 右侧递上：奉茶时应从客人的右侧奉上，并放在客人的右前方，同时轻声地对客人说“请慢用”等礼貌用语。

4) 适时续茶：当客人杯中的茶水剩下约三分之一时，应及时为其续茶，切忌让其杯中的茶叶见底。续茶时应避免妨碍客人。

图 3－6 斟茶

图 3－7 奉茶

（4）注意事项。为客人奉茶时应注意以下几点：

1）待客的茶具不可有缺口或裂痕，更不可留有污渍。

2）应使用专门的瓷勺或竹勺取茶叶，不可用手抓取茶叶，待客的茶叶不可为旧茶。

3）选择茶叶的品种时，应征询客人的意见。

4）奉茶时的茶水温度不宜太高，以免烫伤客人。

5）为多位客人奉茶时应以大茶盘端出茶水，各杯茶的颜色应当保持一致，切勿深浅不一。

6）招待老年人时，不要再三为其斟茶，否则会有逐客之嫌。

7）当茶壶中的茶叶浸泡 3～4 次后，应更换新茶。

8）客人散去之后才可以收拾茶具。

5. 陪客交谈

当客人进入房间后，主人应礼貌地让其就座、为其奉茶、与其交谈。需要注意的是，待客期间应当陪客交谈，即便自己不擅长与客人交谈，也不能躲在自己的房间里不出来，假装自己不在家，或者对客人不闻不问，甚至抛下客人扬长而去。这些做法都不符合待客之道。

礼仪链接

不知礼节而失颜面

张先生最近对朋友抱怨，自己已经上高二的儿子航航根本不懂得待客之礼。他说：“以前，我认为他这种表现是因为内向，现在看来，原因不在于此。他都快成年了，所言所行都太不礼貌了。”张先生告诉朋友，17 岁的航航放学后就一头扎进自己房间，而不和家人打招呼；逢年过节的时候，面对来串门的亲戚朋友，已经身高 1.8 米的航航一声不吭地坐在沙发上而不起身问候；亲戚朋友告辞时，他还坐在沙发上吃东西、看电视，也不起身为客人送行。

6. 热情送别

客人准备离开时，主人应该真诚地挽留。如果客人执意要走，则应等客人起身之后，主人再起身相送，切勿在客人提出告辞时便迫不及待地起身送行。送客时，应将客人送到门口或楼下，并与客人说“再见”，切忌在与客人道别后马上转身进门或者在客人刚跨出门槛时就“砰”的一声把门关上。

对长辈和体弱的老人，还应视情况帮助其下楼、上车，然后与之道别。

7. 真诚送礼

若客人来访时带来了礼物，则应真诚地表示感谢。除客人要求外，不应当着客人的面拆开礼物包装。客人辞行时，主人应以礼相送。送礼前应了解客人的身份、爱好、习惯和禁忌。所赠送的礼物应有美好的寓意。赠送礼物时应态度亲切，双手奉上，以示尊重。

礼仪链接

赠送礼品须知

送别客人时，主人向客人赠送一份小礼品，能拉近自己与客人之间的心理距离。赠送礼品时应注意以下细节：

（1）赠送礼品应在众人在场时进行，且应该由家中身份最尊贵的人亲自赠送。

（2）赠送礼品时应双手奉上，必要时应向客人简要说明礼品的用途与特别之处。

（3）仔细包装赠送的礼品，以便让客人感受到诚意，切勿草草了事。

（4）赠送礼品时一定要避开客人的禁忌，切勿因触犯禁忌而适得其反。

第四课　邻里之间礼仪

一、邻里间的相处礼仪

邻里间要讲究礼让、和睦相处，不要为小事而斤斤计较，多体谅他人的难处，发生矛盾时要保持冷静，不要发怒，说理要和气；要学会尊重他人，语言更要文明。邻里争吵，旁观者要劝解，幸灾乐祸是不道德、不文明的行为。总之，邻里间的和睦是靠正确处理日常生活中每件小事而培养的，是以所有邻里家庭及其成员的文明有礼为基础的。具体应该做到以下几点：

（1）不打扰左邻右舍。早晚进出居室要保持安静，不要大声喧哗；使用音响设备要掌握适宜的音量；尊重邻居的生活习惯；不要不分场合任意吵闹；等等。

（2）要以礼相待，相互体谅和帮助。邻居见面时要互相打招呼、点头示意或寒暄几句，不要旁若无人，径直而过。日常生活中，邻里间要互相关照。邻居家遇有婚丧嫁娶，要尽可能地给予帮助，对邻居的老人和小孩要给予尊重和照顾，特别是孤寡老人，当他们遇到困难时要及时帮扶。

（3）处理好住房公用空间的使用情况。在使用公用空间时，应力求平等合理，在照顾各方利益的同时还要替他人着想。对于中职生来说，如公用水龙头、公用厕所等，在大家集中使用的时间段不要占用较长时间。要爱护公用设施，对公共事宜要主动承担责任，如打扫卫生、交纳公共区域的水电费、参加居（家）委会组织的义务劳动等，不能以个人利益第一，只图自己方便而做出损人利己的事情。

（4）要互相信任，友好相处。邻里相处，信任是第一位的。遇到鸡毛蒜皮的生活琐事，不要互相猜疑、钩心斗角，要积极地、坦率地交换意见，妥善地协调、解决各种矛盾。为人要宽容，处事要谨慎，邻里之间要“互不干涉内政”，不要总是把眼睛盯着别人的私事，说三道四，搬弄是非，这样不仅破坏了邻里团结，也贬低了自己的人格。

（5）文明的居住环境要靠每个家庭共同创造，其中的道德准则便是“换位思考”，即凡事都应设身处地地为他人想一想。讲究居住礼仪、与邻居和睦相处有益于改善人们的日常生活质量。人们互相关心和体谅，顾及他人，以诚相待，可以共同创造一个美观、整洁、宁静、友好的居住环境。

二、邻里相处的原则

邻里相处的原则一般表现在以下几个方面：

（1）适应环境：营造出一个“我为人人，人人为我”的邻里氛围。

（2）互相尊重：邻里关系处理好的关键就是凡事要先想到他人，尊重他人才能得到他人的尊重。邻居有困难要及时帮助，自己有事求助他人要表达谢意。

（3）礼尚往来：平时常到邻居家串串门，这样不仅能融洽关系、增进感情，而且双方有什么事，彼此还能够相互照应，既促进了邻里关系的和谐，也有利于邻里关系的稳定。

（4）和睦相处：人是情感动物，你敬对方一尺，对方会敬你一丈，一个好邻居胜似好亲戚。

（5）与人为善：在茫茫人海中能够毗邻而居，不论时间长短，也可说是一种缘分。要想使缘分延续，双方就应该互相关心、帮助和尊重。

（6）宽容谦让：因为人们的家庭环境、性格脾气、社会阅历、文化素养存在着差异，对邻居显露的缺点或不当之处应加以宽容，发生矛盾时要主动让一步，这样才能保持邻居相处和睦。

三、邻里间的居住礼仪

现在居住在城镇的人们，住房比较集中，邻里相距较近。因此，一定要注意不要因为自己的行为而给其他的住户带来不方便，不然会影响邻里关系。

（一）住在楼上应注意的事项

（1）搬动桌椅要轻；不要穿皮鞋在屋里走来走去，最好一进门就换上拖鞋、布鞋等不会发出太大响声的鞋子；不在屋里乱跑、乱跳或将东西使劲往地上扔等。

（2）不要往楼下倒污水或扔垃圾；在阳台上浇花草时，不要把水洒到楼下以免弄脏下面住户晾晒的衣物及室外环境；放在阳台栏杆边沿的花盆或其他杂物应固定好，避免被风刮落或不慎碰落，对他人造成伤害。

（3）做饭洗菜时不要什么东西都往下水道里扔。如果发生堵塞，会给整栋楼的住户带来麻烦。

（4）家庭娱乐要注意时间，尽量将电视机、音响的音量调小一些，午休、深夜时不要大声放歌。

（5）如果家里有事会影响邻居，例如刚搬过来要装修，要事先跟邻居打个招呼，请求谅解。

（二）住在楼下应注意的事项

（1）住在楼下确实容易受一些影响，因而要有一些宽容谅解的精神，尽量给楼上的邻居提供一些方便。如楼上的邻居晾的衣服刮到楼下，应主动告知楼上的邻居，或亲自送到楼上去。

（2）如果楼上有人往下扔东西、泼水，甚至弄脏了你晾的衣物，或者你正在学习或家人上夜班正睡觉，楼上长时间敲敲打打，你可以敲开他家的门，礼貌地提醒他，或向他说明情况，请他避免此类情况。注意，不宜采取过激言辞或行为。

（3）住在一楼，尽量不要养鸡、养兔，可以多种些花花草草。因为不管你多么注意，养家禽总是要影响他人的，尤其是在夏天，臭气熏天也很不卫生；不要在一楼的小院子里点火烤东西，以免烟雾飘到楼上邻居的房间里。

（三）使用公共的楼道时，应注意的事项

（1）楼道属于公共场所，上下楼梯时脚步尽量放轻，不要跑上跳下、打打闹闹，不要在楼道里大声喧哗、吵闹，尤其是在清晨、午休、深夜时，以免惊扰邻居。

（2）保持楼道清洁。不在楼道里丢弃果皮纸屑，不要乱写乱画；倒垃圾时要格外小心，不要让垃圾撒到楼道里，一旦撒出应立即清扫干净。

（3）不要占用楼道。有的人在楼道里堆杂物，有的把自行车停放在楼道里，这都是不应该的，也是不安全的。

礼仪链接

邻居何以成了最熟悉的陌生人

随着人们生活水平的不断提高，高楼越建越多，邻居之间物理距离越来越近，然而心理距离却越来越远。防盗门和猫眼隔离了邻居的隐私，相应地也阻断了咫尺之间的问候，邻居成为“最熟悉的陌生人”。当然我们也应该看到，日渐疏离的邻里关系是生活节奏的加快、居住方式的变迁以及社会结构的日益多元化等诸多方面共同作用的结果。不同社会群体的邻里关系具有不同的特征。以前人们多来自同一个家乡或同一个单位，彼此熟悉，邻居之间的互动较多，居民与居委会等传统邻里组织的关系联系也较为密切。住房结构的改变导致人们从“熟人社会”步入“匿名社会”，人们保护个人隐私的意识不断增强，社会分工的细化与专业化程度的提升、科技的发达使人们相互依赖感降低，生活节奏的加快更迫使大家放弃交流的时间和对交流的渴望。

实际上，邻里关系看上去不起眼，但折射出社会发展所带来的人与人之间关系远近的变化。只有当每一个社区里的居民都和睦相处，整个社会才能和谐发展。可以说，社区在融合邻里关系中起着“黏合剂”的作用，应通过提供各种便利的交流条件和平台，增进邻里之间的了解与互动。例如，近年在厦门、珠海等城市广为开展的社区“邻里节”活动就是增进邻里关系的一个好办法、新形式。邻里之间敲一下门，栽一片绿，聊一会天，解一分忧，既增进了情感，倡导了文明，也使整个社区、城市处于祥和、融洽之中。“邻里节”以社区为单元，每年都有新的主题与活动内容，让数以千计的人走出家门，改变城市生活中邻里之间不相识、冷漠、旁观的状况，创造了一个友爱、互助、温馨、和谐的家园。

礼仪链接

六尺巷

六尺巷（见图 3－8）位于安徽省桐城市的西南一隅，全长 100 米、宽 2 米，建成于清朝康熙年间（1662—1722 年），巷道两端立石牌坊，牌坊上刻着“礼让”二字。

据史料记载，张文端公居宅旁有隙地，与吴氏邻，吴氏越用之。家人驰书于都，公批诗于后寄归，云：“一纸书来只为墙，让他三尺又何妨。长城万里今犹在，不见当年秦始皇。”家人得书，遂撤让三尺，吴氏感其义，亦退让三尺，故六尺巷遂以为名焉。

“六尺巷”成为邻里礼让的典范。2006 年 11 月 21 日，时任国务委员唐家璇在参观六尺巷后，题词：“桐城六尺巷，和谐名城扬。”2007 年 4 月，“桐城文庙——六尺巷”成为国家 3A 级旅游景区。

图 3-8　六尺巷

礼行体验

训练内容

学生每 8 人一组，练习并掌握家庭成员之间的相处礼仪，最后由教师点评。

训练要求

(1) 以小组为单位，自主创设日常家庭生活和待客做客的情景，并扮演家庭成员和亲戚朋友的角色。

(2) 准备桌椅和茶具，并摆放到位。

(3) 各小组进行家人相处的礼仪训练和做客待客的礼仪训练，小组成员相互纠正，直至各成员均掌握家庭成员相处的礼仪规范及待客做客的礼仪规范。

训练评估

教师可以根据表 3-1 的内容对各组成员的训练情况进行评价。

表 3-1　训练情况评价表

评价内容		分值	自评分	教师评分	综合评分
相处礼仪	尊敬长辈，当长辈教导自己时，能虚心听取，表示感激，知错就改，不顶撞长辈；与自己的兄弟姐妹保持联系，相互尊重，彼此关爱	10			
	多与长辈沟通，及时汇报自己的相关情况，在力所能及的范围内帮助长辈分担家务，常体谅、关心长辈	10			
做客礼仪	合理安排拜访时间并提前预约，按时到达，敲门进入，进门换鞋并礼貌地打招呼	10			
	交谈过程中善于倾听、提问，并给予积极的回应	10			

续表

评价内容		分值	自评分	教师评分	综合评分
做客礼仪	未经同意不在主人家中乱走，也不随意触碰主人的物品	10			
	礼貌地对待主人家中的长辈及其他客人，适时告辞	10			
待客礼仪	精心修饰仪容，礼貌着装，布置环境，准备茶果点心	10			
	热情迎接客人，并按照面门为尊、以右为尊、居中为尊等原则礼让上座	10			
	按尊卑次序礼貌奉茶，并把握斟茶勿斟满、左下右上、右侧递上和适时续茶的要领	10			
	热情地陪客交谈，礼貌地送客离开，真诚地回赠礼物	10			

学以致用

1. 家庭礼仪的内容包括哪些方面？

2. 对父母、长辈的关怀、照顾，子女应怀有感恩之情。想一想，你在家庭中是如何尊敬、体谅父母、长辈的？你又为他们做了些什么？

3. 简述做客的基本礼仪。

4. 邻里之间相处的原则是什么？

5. 想一想，你家和邻居的关系如何？当发生矛盾时，你们是如何解决的？

单元四

校园礼仪

学习目标

知识目标

了解学生礼仪的基本要求，理解课堂礼仪、师生交往礼仪、学生交往礼仪、共青团礼仪和校园公共礼仪。

能力目标

能够理解并遵守校园内的社交规则和行为准则，从而促进校园内和谐、积极的社交环境的建立。

素养目标

学习校园礼仪，树立正确的价值观念，塑造积极向上的校园文化。

单元导读

职业学校的学生在学校不仅要学习专业技能、文化知识，还要培养道德修养，学会做人、做事、处世的基本原则。学生一踏进校门，就应该意识到自己的责任，自觉接受老师的指导和教育。职业学校学生应加强个人道德修养，遵守学校的规章制度和校园礼仪规范，养成良好的行为习惯，做到衣冠整洁端庄、举止文明大方，遵守纪律，生活俭朴，讲文明、讲礼貌、重礼仪，树立良好的个人形象，为使自己成为一个具有较高的科学文化素养和文明素养的劳动者、建设者创造条件。

第一课 学生礼仪的基本要求

礼仪的作用主要是靠人们的自觉来维持，靠社会的舆论来监督的，换句话说，礼仪是以“自律”为特征的。“自律”是通过“他律”逐步获得的，“无规矩不成方圆”，遵循规章制度，形成良好的校园文化氛围，对学生规范自身行为，克服不良的行为习惯，逐步提高自我约束和自我克制的能力有着十分重要的作用。

一、仪容仪表

仪容仪表是职业学校学生精神面貌的外在表现，它能展示出职业学校学生的道德修养、文化水平、审美情趣、文明程度，是尊重对方、讲究礼貌、互相理解的具体表现。合体、合适、整洁、大方、讲究场合是学生仪表的基本要求。

（一）端庄整洁的仪容

端庄整洁是礼仪的基本要求，是仪表美的关键，每一位学生都应该保持端庄、美好、整洁的仪容。

1. 面部清洁

坚持早晚洗脸，保持面部清洁，并适当地进行修饰，使自己容光焕发。男生胡须要剃净，鼻毛也要修剪不外露。

“清水出芙蓉，天然去雕饰。”女生切忌浓妆艳抹。因为人的肌肤本身具有自然美，浓妆艳抹反而会给人以矫揉造作之感。在校学生除参加礼仪活动或文艺演出之外，一般不宜化妆。

2. 头发整洁

职业学校学生的发型要活泼大方，干净有型，以显示青年人朝气蓬勃的精神面貌。学生应该留标准的学生发型，不能染发或留怪异的发型。

男生最好理平头、学生头，这样显得整洁、干净、富有朝气，更能展现男性的阳刚美。如果留长发、留胡须，则会显得与学生身份不协调，给人一种不务正业的印象。女生以梳短辫、理短发为宜。这样既便于梳理，适应紧张的学习生活，又能体现少女的清纯、活泼，给人以自然美。女生不适合烫发，这种发型通常显得老气和成熟。

3. 口腔清洁

口腔清洁是与人交往必须注意的细节。保持牙齿的清洁，就要勤刷牙、不吸烟；与人交谈时，口角不应有白沫，并且在谈话之前，不吃带有强烈异味的食物；不当众剔牙；不一边嚼口香糖，一边与人说话。

4. 手部清洁

手部的清洁能反映出一个人的修养与卫生习惯。要随时洗手，及时修剪指甲，学生不宜留长指甲或涂指甲油。在公众场合当众修剪指甲、摆弄手指都是失礼的表现。

5. 身体清洁

应做到勤洗澡、勤换衣，身上不留异味，不应在他人面前做抠鼻孔、掏耳朵等不雅动作。

（二）大方得体的姿态

姿态美是一种极富魅力和感染力的美。端正秀雅的姿态，从行为上体现了一个人内在的稳重、聪慧与活力，在动静之中展现出个人气质、修养，可谓“此时无声胜有声”。

1. 站姿

学生保持正确健康的站姿，应做到“拔、稳、直”，即向上“拔”，往下“稳”，全身“直”，不要东倒西歪、前俯后仰。女生站姿应秀雅优美，亭亭玉立；男生站姿应“站如松”，精神抖擞，刚毅洒脱。

学生大方健美的站姿会给人以挺拔笔直、舒展俊美、庄重大方、精力充沛、信心十足、积极向上的印象。参加升旗仪式或参加军训、上体育课，都是训练良好站姿的机会。挺拔俊美的站姿，需要经过严格持久的训练才能养成。

2. 坐姿

学生端直舒展的坐姿，会让人留下认真、大方、优雅的印象。学生在教室内入座时要轻、稳、缓。如果椅子的位置不合适，需要挪动椅子，应当先把椅子移至就座处，然后入座。坐在椅子上移动位置，是有违礼仪要求的，还会发出声音影响课堂秩序。

（1）上课时，身体坐正、坐直（见图 4－1），不仅有利于专心听讲，还有利于身体的发育。

图 4－1　课堂坐姿

（2）与老师交谈时，坐姿要端正，身体微微前倾，表示倾听老师讲话的专注。

（3）在开会、听报告、看演出时，要坐直坐稳，不要左右摇晃，更不要随便走动而影响他人。

3. 行姿

学生矫健大方、从容平稳的步伐，会给人以积极向上、精神振奋的印象。男生的步伐应具有青春朝气又不失矫健稳重，女生的步伐应活泼轻盈又不失秀雅优美。

（1）在校园的小道上，忌横冲直撞、步态不雅。

（2）在教室的走廊，不横作一字排开、搭肩搂腰或奔来跑去。

（3）上下楼梯，有序不拥挤，主动避让。

4. 行礼

行为举止是一个人道德修养的外部表现。首先表现在外部动作姿态上要给人以美感，更重要的是在待人接物上要有修养、有礼貌。

（1）鞠躬礼。学生见到教师或长辈行鞠躬礼表示尊敬与问候；学生上台领奖时向授奖者和全体与会者行鞠躬礼表示感谢；在演讲前后向观众行鞠躬礼表示敬意。

（2）点头礼。学生在与教师和同学的交往中，可以用点头礼表示问候与回应；对别人说的话表示认同时，可以点头表示支持、肯定。

（3）注目礼。在举行升旗仪式，奏国歌升国旗时，应该向国旗行注目礼；教师走进教室准备上课时，学生应起立向教师行注目礼。

（4）指引礼。为他人指引方向、位置，引导他人进场入座，为他人做介绍时行指引礼。

（5）递接礼。学生把作业交给教师时，应恭恭敬敬地用双手递上；向他人递笔、刀剪之类尖锐物品时，需将尖端朝向自己握在手中；向他人递矿泉水时商标对准对方，左手托瓶底，右手握住瓶身，双手递交。

（6）挥手礼。同学见面时，挥手互致问候。

（三）自然的表情

自然的表情能留给别人从容、自信、友善、真诚的印象。

1. 有神的目光

（1）上课时，注意力集中，目光专注认真。

（2）升旗仪式上，目光严肃认真。

（3）听教师教诲时，目光谦虚有礼，应注视着教师，保持目光接触，不要东张西望，心不在焉。

2. 亲切的微笑

（1）遇见教师、同学，面带微笑，表达自己的尊敬、友善。

（2）微笑着接受荣誉，说明自己虽充满喜悦但不骄傲自满。

（3）微笑着面对困难，说明自己经得起考验，有战胜困难的勇气和信心。

微笑是宝贵的无形资产，可以说成功从微笑开始。学生应该经常对教师、同学及其他人微笑。微笑着对待生活中的成功与失败，培养自信、乐观、豁达、坚毅、积极进取的性格和正确的人生观。

微笑一定要发自内心，亲切自然，这样才富有魅力，让人愉悦欢欣。不要为了讨好别人而故作笑颜，满脸堆笑，那样会让人有阿谀奉承之感。微笑还要注意场合、时间与对象。在郑重的场合微笑，会被认为是不严肃；在别人伤心的时候微笑，会被说成幸灾乐祸；对办错事的人微笑，会被当成嘲讽讥笑。

（四）服装与配饰

服装是对人体的包装，是人的气质、审美的展现。学生装讲究实用性、审美性和象征性。学生装要与学生的学习环境相协调，款式美观大方，色彩明快，富有朝气，穿着朴实又便于活动。

有些学校规定学生在校内外集体活动时身着校服，这是优良校风的展现，也是学校培养学生注重仪表的良好品质的措施之一。穿校服要注重整齐与清洁。

1. 整齐

服装必须合身，上衣袖长至手腕，裤子应长至脚面，裙子则应长过膝盖。不挽袖、不卷裤，不漏扣、不掉扣。职业学校学生的服装大多是运动装，衣服的拉链要拉至胸前，不可敞胸露怀。

2. 清洁

保持衣服的干净整洁，无污垢、无油渍、无异味，领口与袖口处要保持干净。不能在衣服上乱写乱画，随便添加饰物。

此外，还应注意：

上体育课时，学生应该穿运动服、运动鞋，以保证安全。

职业学校的学生穿上本专业的职业服装，会产生一种自豪感和光荣感，从而更加热爱自己的专业，并为之努力学习。

校徽是学校的标志。当一个学生戴着校徽徽章走出校门，在公共场所进行活动时，就等于向别人宣布自己是一名在校生。佩戴校徽徽章可以提高学生的荣誉感和责任感，形成良好的校风。

学生佩戴校徽、团徽徽章的位置要正确，一般应佩戴在校服左胸处。团徽徽章在上，校徽徽章在下，佩戴要端正，不能歪斜或随意乱戴。

在学校，穿鞋要舒适大方，便于运动健身，这有益于自身健康发育，又可展现青少年健美的身姿。学生在学校内不得穿拖鞋，女生不得穿高尖跟鞋、厚底鞋。男生不宜穿背心或袒胸露背进入校园的教室、办公室、会场等公共场所；女生不宜穿奇装异服或细窄、露背及吊带服装进入学校或教室。严禁佩戴奇形怪状的饰物。

二、尊重他人

互相尊重是文明礼貌的核心。

（一）尊重他人的人格

应礼貌待人，不打人，不骂人，不讽刺挖苦他人，不嘲笑他人的生理缺陷，不损害他人的自尊心。

（二）尊重他人的劳动

应尊重教师的劳动，上课认真听讲；尊重清洁工的劳动，不在校园内乱扔脏物；尊重父母的劳动，在家里不浪费饭菜等。

（三）尊重各民族的风俗习惯

青少年应树立维护国家统一和民族团结的意识，自觉拥护党和国家的民族政策，尊重各民族的风俗习惯和语言文字，以实际行动维护民族团结，促进各民族共同繁荣。在日常生活中，各民族同学平等相处，互帮互助，以实际行动履行维护民族团结的义务。

三、说话文明

语言是人们交流思想、表达感情、传递信息的工具。语言文明常常反映心灵的纯洁、情操的高尚；语言粗野是缺乏教养的表现。学生要注重使用文明语言，做到“和气、文雅、谦逊”。

（1）早上见到教师或同学，主动打招呼：“老师好”“早上好”。

（2）麻烦或有求于别人的时候：“请帮忙……”

（3）见到来访者，热情主动上前询问：“您好，请问有什么可以帮您的吗？”

（4）得到他人的帮忙时：“……，谢谢！”

（5）当教师或同学给予批评指正时：“谢谢提醒！”

（6）需要打断他人的谈话，询问同学时：“××同学，对不起，打扰你一下，向你请教一个问题，行吗？”

（7）给他人带来不便时：“抱歉。”

（8）请他人提建议或意见时：“这件事，有做得不到之处，请多提宝贵意见。”

（9）接待教师或家长、同学时：“请进”“请坐”。

（10）放学时，主动与教师或同学道别：“老师再见！”“明天见！”

第二课　课堂礼仪

学生在学校学习知识、技能，开阔视野、传承文化、收获精神财富，主要是在课堂获得的。从学生的角度来说，遵守课堂礼仪规范是尊重教师及其劳动的具体表现之一，也是学生培养、提高自身礼仪修养的重要过程与重要途径。

一、学生课前准备的礼仪

（一）教室环境

营造一个窗明几净、整洁舒适的教室环境是课前准备的基本工作。在前一天的学习结束后，学生应分组打扫教室，保证桌面、地面、讲台、黑板、窗台等干净清洁，课桌椅排列整齐，劳动工具有序摆放在固定位置，教室墙面张贴物等美观、整洁，讲台物品摆放有序等。此外，当天的课程开始前，每一位学生还应养成以下良好习惯：

第一，每天进入教室开始一天的学习前，将课桌椅用微湿抹布擦干净，学习用品摆放整齐。如果有饭盒、雨衣、雨伞一类物品，也应有序放置，保证个人以课桌为中心的学习小空间的整洁。

第二，课桌上不应摆放过多书本等，更不要摆放与课堂无关的物品，保证每节课的需要即可。课后应及时调换下一节课的用书。

第三，垃圾不能随手乱扔，可在课桌边沿挂小件垃圾袋，课后及时扔进垃圾桶。

第四，不在教室内吃早饭、水果、零食等。

（二）个人精神状态

课前应调整好自己的精神状态，保证以积极、良好的心态投入学习。

第一，着装。学生在校内应穿着校服并保持校服的整洁。在教室内不应佩戴首饰，不戴帽子，不穿吊带衫、拖鞋、高跟鞋等。

第二，上课预备铃响后，应停止课间活动，准备好该节课用品，入座静候老师。注意处理好个人事务及班务，例如到老师办公室、交作业等，均应在课间完成，预备铃响后应快速回到教室。

二、学生上课过程中的礼仪

（一）上、下课仪式

第一，上、下课铃响后，对老师行注目礼，待老师宣布“上课”“下课”后，由学生代表用语言示意大家起立，所有同学说“老师好”“老师再见”，向老师行鞠躬礼。行礼时，均应停止手中的事情，注意整齐划一，态度诚恳专注。

第二，万一迟到，应在门口致歉，喊“报告”并静立，得到允许后轻轻回到座位。注意开门、关门、行走、入座等不能发出噪声，表达对老师、同学及课堂氛围的尊重。

第三，下课后，学生应礼让老师先离开后再离开教室，有外来老师听课时更应如此，除非老师在班级中有事停留。

（二）上课时的礼仪

第一，认真听讲是第一要素。如有问题需要请教老师，先要举手并得到允许；需要问同学问题，应在课下进行。举手要注意选择时间，以不打断老师讲课为原则。

第二，在单独回答老师的问题时，无论会与不会，均应起立，身姿端正，经老师允许后再坐下。

第三，对老师的讲课和作业、试卷的批改等有质疑需提问或探讨时，应选择课后或其他时间进行。

第四，课堂上不随意抢话、插话，在老师授意下的起立、坐下、行走到讲台上或黑板前的动作幅度要小、动作要轻。

第五，在上课过程中，听讲、做笔记、练习、做作业等都应专心，这是对老师教学的尊重及课堂学习的基本要求，也有利于自己身心成长。在课堂上不做与课堂无关的事，交头接耳、搞小动作、看课外书、做其他学科作业均是非常失礼的行为。

三、学生课间的礼仪

一节课结束，有一个短暂的休息时间，处理事务应以不耽误下节课上课为标准。此外，休息时不喧哗、不吵闹，不相互追逐打闹，保持教室良好的学习氛围；爱护教室设施、设备，维护教室卫生；礼貌对待课间来访的老师、其他班同学、家长等。

第三课 师生交往礼仪

师生间的交往以彼此尊重为基础，具体体现是多方面、多层次的。在与教师的交往中，学生要注意礼仪。

一、路遇礼仪

（一）打招呼的礼仪

（1）主动行礼：在校园内见到老师，无论是不是自己的任课老师、无论是否认识自己，都应主动问候，常用“老师好”来打招呼。

（2）与老师打招呼一般根据不同场景有不同的方式：早上问候“老师早”，放学时说“老师再见”，用餐前说“老师用餐愉快”，参加活动后可说“老师辛苦了”，同时路遇几位老师可说“老师们好”，等等。

（3）对认识的任课老师，应记住并称呼老师的姓，例如“王老师好”。

（4）与老师打招呼时，应停止跑动，暂停和同学说笑、哄闹，不能一边吃东西一边打招呼，应面带笑容、真诚热情。

（二）行走路遇的礼仪

（1）在空间较小的过道、走廊遇到老师时，应放慢走路的速度，稍微侧身，面对老师微笑、打招呼；在老师身后行走，要超越老师时，从左侧行走，与老师并排时同样放慢走路的速度，稍微侧身。有两位老师同时行走时，注意不要从两位老师中间穿过。

（2）在楼梯上应靠右行走，遇到老师并要和老师短暂对话时，应及时调整自己的站位，一般站在比老师低一级的台阶上，不要堵住楼梯，也不要因身位过高而俯视老师。

（3）在较窄小的空间、门口或人较多的地方遇到老师时，应礼让老师先走。

二、进出教师办公室礼仪

办公室是老师工作的地方，学生会经常进出老师的办公室，这里也有许多应当注意的礼仪。

（一）进出办公室

进办公室前用食指轻轻叩门，稍作停顿后喊“报告”，得到允许后进门。如果进办公室前，门是关着的，进办公室后应顺手把门轻轻关上；如果进办公室前，门是开着的，则不必关上。出办公室亦是如此。进出办公室时，走路、动作都应轻些。

（二）在办公室内

（1）礼貌地和老师打招呼，如有其他老师看着你，也应礼貌地用“老师好”来打招呼。

（2）在办公室内和老师交谈应站立，老师请你坐下时再坐下；说话音量适中，不能影响其他老师的工作。

（3）谈话结束后向老师礼貌道别，记得把座椅放回原处。

（4）到办公室交作业、拿东西等，要自然地用双手递接。

（5）要找的老师不在时，不能随意翻动老师的物品、抽屉等。

（6）没有要紧的事，一般不要在老师进餐、中午休息时进出办公室；若在休息时间找老师，应事先和老师约好并按时到达。

礼仪链接

进出门礼仪

一般情况下，无论是进出办公室大门还是各类办公楼大门，都应用手轻推、轻拉、轻关，发出噪声是十分失礼的，同时态度要谦和，讲究进出顺序。进他人的办公室前，一定要先敲门，敲门时一般用食指有节奏地敲两三下即可。

如果与同辈进入，要互相谦让一下。走在前边的人打开门后，要为后面的人拉着门。假如是不用拉的门，最后进来者应主动关门。如果与师长、客人同时进入，应当视门的具体情况随机应变。

朝里开的门：应自己先进入拉住门、侧身，再请师长、客人进入。

朝外开的门：应先打开门，侧身站在门外，再请师长、客人进入。

旋转式大门：应自己先迅速过去，再在另一边等候师长、客人。

无论进出哪一类的门，在接待引领时都一定要“口手并用”且到位，即运用手势要规范，同时要说诸如“您请”“请走这边”“请各位小心”“小心路滑”等礼貌用语。

三、与教师的日常交往礼仪

礼仪链接

程门立雪

北宋文学家杨时与理学家游酢都是“程门”（程颢、程颐）弟子。有一天两人一起去向程颐求教学问，凑巧赶上程颐在屋中打瞌睡。杨时便劝告游酢不要惊醒老师，然后两人静立于门口，等老师醒来。没过一会儿，下起了鹅毛大雪，且越下越急，杨时和游酢却依旧立在雪中。游酢实在冻得受不了了，几次想叫醒程颐，都被杨时拦住了。程颐一觉醒来，才发现门外的两个“雪人”。

这就是“程门立雪”的故事。如今程门立雪也用来比喻尊师重教、虔诚求学。

学生与老师除了以教育、学习为中心形成的交流与交往，还有生活、情感等方面的交流。学生通常更愿意较多地与自己比较喜爱、亲近的老师或与自己年龄相仿的年轻老师接触，但无论如何，“尊师”的礼仪是不可忽略的。值得注意的有以下几点：

第一，“尊师”是我国乃至世界各国的道德规范，也是我们自身文化、内在修养的体现。“尊师”是没有时间和空间区别的，无论是在校内还是校外，无论是现在还是毕业以后，对待老师都应有礼有节、尊重有加。

第二，和自己的老师交流生活、家庭、情感等方面的问题时，不要打听、议论老师的私生活与隐私，也不要打听其他老师、同学的隐私。这不仅是基本的礼仪要求，也是常规的道德规范。

第三，对老师相关的看法、处理事情的方式有意见或有疑问时，应真诚地说出自己的想法，充分地交流。诚恳的交流是最佳的问题解决方式。

第四，在校园内，除了老师之外，对门卫等其他工作人员也应谦恭有礼、礼貌相待。

礼仪互动

你是一个尊重老师的学生吗？若“是”，表现在哪些地方？若“不是”，表现在哪些地方？

第四课　学生交往礼仪

一、相互尊重

在校园生活中，学生之间的交往是日常活动的重要组成部分。在交往中，相互尊重是建立和谐人际关系的基础，也是学生交往礼仪的核心。

（一）尊重人格与权益

学生之间应当相互尊重彼此的人格和权益。每个人都有自己的尊严和价值，不论其性别、年龄、外貌、成绩或其他特征如何，都应得到平等的尊重。在交往中，要避免使用侮辱、贬低或歧视性的语言，不侵犯他人的隐私和权益，尊重他人的选择和决定。

（二）尊重意见与观点

在交流和讨论中，学生之间应当尊重彼此的意见和观点。即使存在分歧，也应保持开放的心态，耐心倾听他人的观点，并给予充分的尊重和回应。尊重不同的声音和看法，有助于拓宽自身的视野，促进思维的碰撞和成长。

（三）尊重文化与背景

不同的学生来自不同的家庭，有着不同的文化背景，拥有不同的生活习惯和价值观。在交往中，学生之间应当尊重彼此的文化和背景差异，避免用刻板印象或偏见来评判他人。通过了解和尊重不同的文化，同学之间可以增进相互之间的理解和友谊，促进校园文化的多元发展。

（四）尊重时间与空间

在校园生活中，每个人都有自己的时间和空间安排。学生之间应当尊重彼此的时间和空间，避免过度打扰或干涉他人的事务。例如，在自习室、图书馆等公共场所，要保持安静、文明，避免打扰他人的学习。

（五）尊重行为举止

在交往中，我们要注意自己的言行举止，保持礼貌、文明和谦逊。避免使用粗鲁、不礼貌的语言或行为，不随意打断他人的发言或干扰他人的活动。通过展现良好的行为举止，我们可以传递出尊重他人的态度，为构建和谐人际关系打下基础。

（六）学会倾听与理解

相互尊重不仅体现在言语上，更体现在行动上。学会倾听与理解是展现尊重的重要方式。当他人发言时，我们应当耐心倾听、认真思考并试图理解其背后的含义。这样不仅能够增进彼此之间的了解，还能够促进有效的沟通和交流。

学生交往礼仪中的相互尊重是建立和谐人际关系的基础。我们应当从尊重人格与权益、尊重意见与观点、尊重文化与背景、尊重时间与空间、尊重行为举止以及学会倾听与理解等方面来体现对他人的尊重。通过这些努力，营造一个和谐、友善的校园环境，促进个人的成长和发展。

礼仪链接

男女同学交往礼仪

男女同学交往时，双方应该在谈吐和举止方面把握分寸。男女同学相处时应在公开场所进行，双方应做到言谈有礼、举止大方。男女同学之间的交往应得体、适度。男生应心胸坦荡，懂得主动照顾他人。女生应该仪态端庄，谈吐文雅，举止文明，体现女性的秀雅之美。男女同学相处时应避免超越异性交往的界限。男女同学交往时，不能互起绰号，不能讲粗话、脏话和庸俗的传闻，不能久久凝视对方，不可追跑打闹。不对异性同学的容貌、身材和衣着评头论足。

二、礼貌相待

学生之间相互问候时可彼此直呼其名，不能用“喂”“哎”等不礼貌的称呼。在有求于同学时，须用“请”“谢谢”“麻烦你”等礼貌用语。借用学习用品和生活用品时应先征求他人的同意，借用物品后应及时归还并致谢。对于同学遭遇的不幸、偶尔的失败、学习上暂时的落后等，不应嘲笑或歧视，而应给予热情的帮助。不要谈论同学忌讳的话题，不要在背后议论同学的是非。

礼仪链接

同学相处“三字经”

同学间，要真诚，言行雅，讲礼貌。
敏于事，慎于言，不讥讽，不嘲笑。
有矛盾，不暴躁，不打架，不争吵。
细商量，少计较，重道义，肝胆照。

三、诚实守信

诚实守信是一种美德。学生之间的交往要保持真实、诚实和守信用的态度。这包括不撒谎、不欺骗他人，同时要守信用，遵守承诺和约定，不轻易违背和背弃他人的信任。与同学相处应不欺不诈。只有遵守诺言才能取得他人的信任，只有以诚相待才能以心交心。

学生交往礼仪中的诚实守信是一个至关重要的方面。学生应树立正确的世界观、人生观和价值观，以诚信待人、礼貌待人，在考试和日常生活中严格遵守诚信原则，并在校外和家中保持诚信。同时，增强法律意识，自觉遵守诚实守信原则也是非常重要的。只有这样，才能在交往中赢得他人的尊重和信任。

四、谦虚随和

谦虚指虚心，不夸大自己的能力或价值，不自负；不鲁莽或一意孤行。在交往中，表现为不自高自大，愿意倾听他人的意见，尊重他人的观点。

随和指和顺，不固执己见。在交往中，表现为能够理解和接受不同的观点与态度，能够与人和谐相处，不轻易与人发生冲突。

谦虚随和的学生能够与他人和谐相处，建立起良好的人际关系。能够获得好的人缘，容易得到他人的信任和尊重。谦虚随和是一种积极向上的品质，能够让人在交往中展现出独特的魅力。这种魅力能够吸引他人的注意，提升个人影响力。在团队中，谦虚随和的学生能够积极协作，减少矛盾和冲突。他们的存在有助于营造和谐的团队氛围，提升团队的凝聚力和战斗力。

学生交往礼仪中的谦虚随和是一种非常重要的品质。通过尊重他人、谨慎发言、互助合作和接受批评等方式表现出谦虚随和的态度，可以建立良好的人际关系，提升个人魅力并促进团队和谐。

五、宽容理解

宽容是一种美德，也是交往中不可或缺的品质。当他人犯错或失误时，我们应该表达宽容和理解，而不是指责和批评。通过表达宽容，我们可以减轻对方的压力和焦虑，让对方更愿意与我们交往。同时，也要学会自我宽容，不要过于苛求自己，给自己留出成长和进步的空间。在交往中，我们的目标是建立和谐的人际关系，达成共识。首先，要尊重对方的观点和想法，不要强行将自己的观点强加于人；其次，要与对方进行充分的沟通和交流，了解对方的想法和需求；最后，在双方都能够接受的基础上，达成一致的共识和解决方案。

学生交往礼仪中的宽容理解是构建和谐校园文化的重要保障。我们应该在尊重个性差异、倾听与理解、避免冲突、表达宽容和寻求共识等方面来提升自己的交往礼仪水平。通过这些努力，我们可以建立更加和谐、友好的人际关系，为校园和谐的发展贡献自己的力量。

六、团结进取

团结进取是学生交往中不可或缺的品质，它不仅能够增强班级的凝聚力，还能促进个人的成长和进步。团结进取体现在以下几个方面。

（一）齐心协力

学习和生活中，要积极参与集体活动，为班级和团队贡献自己的力量。在遇到困难时，要敢于面对、勇于担当，与其他同学共同解决问题。

（二）互助互学

在学习中，要与其他同学互相帮助、互相学习，共同进步。对于他人的问题和困惑，要耐心解答、悉心指导，共同营造浓厚的学习氛围。

（三）相互激励

在追求目标的过程中，要相互激励、相互支持。当看到同学取得进步时，要给予真诚的鼓励和祝福；当同学遇到挫折时，要给予及时的安慰和鼓励。

（四）积极进取

要保持积极向上的心态，勇于挑战自我、超越自我。在学习和生活中不断追求进步，努力实现自己的梦想和目标。

（五）公平竞争

在竞争中保持公平、公正的态度，遵守比赛规则。尊重对手、尊重裁判，以友谊第一、比赛第二的精神参与各项竞赛活动。

总之，学生交往礼仪中的团结进取是构建和谐校园的重要基石。通过遵循交往礼仪，可以培养团结进取的品质，建立良好的人际关系。

礼仪互动

当有同学跟自己攀比时，怎样机智地应对且不破坏友好关系？请与同学展开讨论。

第五课 共青团礼仪

中国共产主义青年团，简称共青团，是中国共产党领导的先进青年的群团组织，是广大青年在实践中学习中国特色社会主义和共产主义的学校，是中国共产党的助手和后备军。能加入中国共青团，是进步青年学生的理想与追求。

礼仪链接

共青团简介

1922 年 5 月，在党的直接领导下，中国社会主义青年团在广州召开第一次全国代表大会，成立了全国统一的组织，1925 年 1 月，在共青团第三次全国代表大会上，决定将中国社会主义青年团改名为中国共产主义青年团（简称共青团）。

团旗，是毛泽东、周恩来等同志亲自审定，并经党中央批准，于1950年5月4日由团中央委员会公布的。

团徽，是经党中央审定批准，于1959年5月4日由共青团中央颁布的。团徽是由团旗、齿轮、麦穗、初升的太阳及其光芒，以及写有“中国共青团”五字的绶带组成。团旗和团徽，激励着我国千百万青年团员为保卫祖国和建设祖国而努力奋斗。

一、在团组织下锻炼成长

理想是美好的，追求是幸福的。只有选择了正确的航线，人生航船才能驶向理想的彼岸。

（一）成为一名共青团员的基本要求

1. 年龄与身份要求

（1）申请人必须是年龄在十四周岁以上、二十八周岁以下的中国青年。

（2）申请人需要承认中国共产主义青年团的章程，愿意参加团的一个组织并在其中积极工作，执行团的决议，并愿意按期交纳团费。

2. 思想政治要求

（1）热爱祖国，拥护中国共产党的领导，这是成为一名共青团员的基本政治立场。

（2）必须遵守国家的法律法规，以及团的章程和决定，履行团员的义务。

3. 组织与活动参与

（1）申请人需要积极参加团的活动，并完成团组织交给的任务。

（2）在工作、学习和生活中，要起到模范带头作用，展现共青团员的先锋形象。

4. 个人品德与表现

（1）共青团员应具备良好的道德品质，团结同学，互相帮助，共同进步。

（2）在学习、工作和社会活动中，要表现出积极向上的精神风貌和为人民服务的意识。

（二）接受团组织考察过程中应该注意的方面

（1）尊重培养联系人，虚心接受联系人的指导和帮助。

（2）积极参加各种活动，并遵守活动要求，不迟到，不早退，态度端正。

（3）尽心尽力完成团组织交给的各项工作。

（4）经常向团组织做书面或口头的思想汇报。

（三）团员入团仪式中的礼仪

团员入团仪式是庄重而神圣的，是对新团员的欢迎和接纳。

1. 仪式准备

会场布置：会场应布置得庄严而隆重，可以悬挂党旗和团旗，以彰显仪式的正式性和重要性。同时，也可以悬挂横幅，标明组织单位或团组织名称以及“新团员入团仪式”等字样。

参加人员：参加入团仪式的人员包括新团员、本单位团员代表或全体团员、本级或上级团组织负责人、优秀团员代表、本级或上级党组织负责人或党员代表等。学校团组织还可以组织教师、学生家长、学生代表参加，有少先队组织的可组织少先队辅导员、少先队员代表参加；社会团组织可邀请青年代表参加。

着装要求：学生团员一般统一着装，如校服等；教师和其他领域代表一般着便装；社会领域团员着职业装或便装。所有团员左胸应佩戴团徽徽章。

2. 仪式流程

奏唱国歌：仪式开始时，全体人员起立，奏唱中华人民共和国国歌，以表达对国家的尊重和热爱。

宣布新团员名单：主持人简要说明举行入团仪式的意义，并宣布新团员名单。

颁发礼：一位或多位党组织负责人代表、党员代表、团组织负责人代表逐一为新团员颁发团徽徽章和团员证。颁发时，一般为双手颁发，新团员双手接过，并将团徽徽章佩戴在左胸前。在示范性入团仪式中，如果新团员人数较多，可以只为部分新团员代表颁发团徽徽章和团员证。

宣誓礼：宣誓礼是入团仪式中的重要环节。一般由团组织负责人或优秀团员代表领誓。宣誓时，宣誓人面向团旗立正，举起右手并握拳，与右耳齐，拳心向前。领誓人逐句诵读誓词，宣誓人齐声跟读誓词，态度严肃认真，声音洪亮激昂。领誓人诵完誓词后，领誓人、宣誓人一般依次报出自己的姓名；人数较多时，领誓人、宣誓人可同时报出自己的姓名。

3. 仪式结束

播放团歌：宣誓后，播放或现场演奏中国共产主义青年团团歌，以表达对团组织的热爱和忠诚。

发言与讲话：新团员代表和优秀团员代表可以分别发言，表达自己对入团的感受和未来的展望。团组织负责人也可以讲话，对新团员提出希望和要求。

有序退场：仪式结束后，全体人员应有秩序地退场，充分体现出团员的良好素质。

4. 注意事项

自觉遵守会场要求：参加入团仪式的人员应自觉遵守会场要求，提前到达会场并按指定位置坐好。

保持庄重严肃：在举办仪式过程中，应保持庄重严肃的态度和氛围，不得随意走动或交头接耳。

尊重他人：在颁发礼和宣誓礼等环节中，应尊重他人，不得嬉笑打闹或做出不礼貌的行为。

团员入团仪式中的礼仪是庄重而神圣的，需要全体参加人员共同遵守和维护。通过入团仪式，新团员可以更加深刻地认识到自己作为共青团员的责任和使命，为未来的成长和发展奠定坚实的基础。

二、维护共青团荣誉

光荣的共青团员，要随时鞭策自己，在行动上高标准和严要求，发挥模范作用。

（一）在履行团员义务时应注意的礼仪

（1）每天都应自觉将团徽徽章佩戴在左胸上方，并随时随地自戒自律，讲求文明，努力奉献。

（2）自觉遵守团的纪律。

（3）积极完成团组织交给的任务。

（4）及时反映同学的意见和要求。

（5）关心同学特别是后进同学，帮助他们不断进步，向团组织靠拢。

（二）在行使团员权利时应注意的礼仪

（1）做事要有认真负责的态度。

（2）对待团组织要有主人翁责任感。每一个团员从入团的第一天起，就要把自己看成团组织的主人。

（3）解决问题要有实事求是的精神。对团组织、对自己都应该实事求是，正确行使民主权利。

（三）体现团员先进性和模范性的礼仪

（1）有鲜明的政治立场，自觉抵制资产阶级的腐朽思想。

（2）在班级和学校的各项活动中，应该处处走在前面、干在前面。

（3）积极倡导文明新风，从小事做起，从自己做起，逐步提高自己的思想素质，使良好的社会风尚得以保持和发扬。

（4）弘扬正气，对违反社会公德的行为要加以制止，发现违法犯罪行为要及时报告。

三、置身于丰富多彩的团组织生活

团支部的组织生活丰富多彩，有团课、民主生活会、学习活动、讨论会、报告会、主题演讲比赛、先进人物走访、调查采访，知识竞赛等多种形式。

在参加团组织活动时，需要注意的礼仪有以下几个方面：

（1）按时参加团组织活动，不无故缺席。

（2）积极想办法、出点子，使组织活动富有时代性、教育性、针对性。

(3) 存在疑难问题和模糊认识时，应主动与团干部谈心，通过组织生活排除思想障碍。

(4) 要主动开展批评与自我批评，诚恳地接受批评与指导。

四、高举团旗跟党走

青年党校通过党课来传授党的知识，丰富青年精神世界，培养进步青年。要求进步的同学，在成为一名共青团员后，就应该开始考虑怎样为走上政治道路的又一个阶梯而奋斗。

加入党组织的基本礼仪有以下几个方面：

(1) 要对党有正确的认识，端正入党动机，时刻不忘全心全意为人民服务的宗旨。

(2) 积极争取加入中国共产党，递交入党申请书后，要把决心落实在实际行动上，在学习、工作等方面都走在前面。

五、让精神世界更美好

礼仪链接

“国际志愿人员日”的由来

1971 年，联合国志愿人员组织正式成立，其宗旨是动员具有献身精神并有一技之长的志愿人员，帮助发展中国家尽快实现其发展目标。1985 年 12 月 17 日，联合国大会通过决议：从 1986 年起，每年 12 月 5 日为“国际志愿人员日”，其目的是在世界范围内弘扬志愿精神，宣传志愿者在社会和经济发展中的作用。

时代呼唤雷锋，雷锋精神永驻广大人民心中。学习雷锋始终是共青团思想教育活动的主要组成部分。进入 21 世纪以来，这一活动体现了志愿者服务、社区服务、就近就便、多做实事的特点。志愿者活动是培养社会主义事业接班人的社会实践。

在参加丰富多彩的青年志愿者服务活动时，要注意以下几个方面：

(1) 关心公益事业的最基本表现是乐于助人，乐于助人是出于单纯和善良的动机，而不是为了扬名。

(2) 参加社会公益劳动，要自觉遵守活动中的各项规章制度，不要抱着施舍的心态，要有礼有节。

(3) 在劳动中，要积极热情，脏活、重活抢着干，为保持良好的环境卫生做贡献。

(4) 讲文明、讲礼貌，使用文明语言，展现文明行为。

(5) 自觉遵守社区文明公约，自觉遵守社区秩序，做社区的主人。

(6) 要实事求是，踏实肯干。

礼仪互动

1. 在哪些场合必须佩戴团徽徽章？
2. 你是一名合格的团员吗？
3. 你是否打算参加青年志愿者组织？

第六课　校园公共礼仪

公共场所，就是属于社会的、共有的、公用的场所。在公共场所的任何无礼之举都会暴露一个人自身修养的不足，所以公共场所是测试修养的“实验室”，而规范行为的“金尺子”就是公德原则。

作为一名职业学校学生，在公共场所应该遵守什么样的礼仪规范呢？

礼仪链接

你还缺什么

一位老师问学生们：“你们觉得自己还缺什么？”有的说缺知识，有的说缺能力，还有的说缺钱，唯独没有人说缺“德”。可见，很少有人把校园中存在着的不良行为和“德”联系起来。可是，在课桌上乱涂乱画的“课桌文化”；教室墙面上的鞋印；阅览室里，撕下喜爱的内容藏起来；在课桌椅下面看不到的地方粘上嚼过的口香糖；校园小道边垃圾桶外乱丢的果皮、杂物……这些都是缺少“德”的表现，应加以抵制。

一、图书馆礼仪

图书馆是学习的公共场所，到那里看书学习要讲文明，遵守社会公德。应注意以下几点：

（1）在图书馆遇到熟人，不宜与其大声交谈、喧哗，只需点头示意即可；若有事需要工作人员帮助，可走过去轻声相告，而不要大声召唤。

（2）步履要轻，不宜过急；不可在图书馆里嬉戏打闹，乱叫乱跑；走路时管好自己随身携带的物品，尽量不使其发出声响。

（3）在图书馆的阅览室里，入座起身动作要轻，物品、椅子都应轻拿轻放，不要拖拉。

（4）进入图书馆，应将移动电话等通信工具关掉或调至振动状态，使用移动电话时，应在阅览室外轻声通话。

（5）阅读时，读书、翻阅资料要轻，不要喃喃自语。

（6）不要在阅览室里休息、睡觉。

礼仪链接

阅览须知

图书馆是公众学习、阅读的场所，以下的礼仪要求，你也能遵守吗？

（1）进图书馆，要讲究衣着，整洁大方，不可穿背心、拖鞋。

（2）借阅、归还图书，或进行检索、复印等都要按顺序排队。

（3）查阅目录卡片时，不得乱翻，不在卡片上做记号。

（4）讲文明，懂礼貌，不占座位，不把自己的书包放在旁边暂时没有人坐的座位上。

（5）保持环境的清洁卫生，不在室内吃东西、嚼口香糖，不乱吐或随手乱扔废弃物。

（6）看完的书籍要放回图书馆规定的位置。

（7）离开图书馆时把自己的位置清理干净，将座椅向书桌靠拢。

二、集会礼仪

集会在学校是经常举行的活动，地点一般在操场或礼堂，由于参加的人数众多，又是正式场合，因此要格外注意集会礼仪，并保持集会场所的肃静和良好的秩序。

（一）升旗仪式礼仪

学生参加升旗仪式，衣着应整洁庄重，有校服的学校应要求学生穿校服。升国旗、奏国歌时，应队列整齐。全体同学庄严肃立、脱帽，表情庄重，向国旗行注目礼。唱国歌应严肃、准确、声音洪亮。

（二）课间操礼仪

课间操要遵守快、静、齐、准的要求。

一快。下课铃响后，要迅速有序地走下楼梯，不要拥挤、推撞，以免发生踩踏事故。离开教学楼后，要跑步来到操场，按指定地点站好，准备做课间操。

二静。从离开教室到操场的过程中，不要大声喧哗。来到操场后，要保持安静，等待课间操开始，不追跑打闹，不扎堆聊天。从课间操开始到宣布解散，要听从领操老师的指挥，不随便讲话。

三齐。按时出勤，不无故旷操。按要求排队，队列要整齐。按要求着装，服装要整齐。做操时，不要东张西望，动作要整齐。

四准。准确领会老师的口令，动作到位。做操时，动作要有力、合拍、姿势要准确。

（三）上台发言、领奖、表演礼仪

上台发言、领奖、表演时，走姿要稳健大方，站姿要端正，表情举止应自然大方，仪容要整洁干净。在大会上发言时，应先向师生和听众致礼，发言结束时要道谢。接受奖品、奖状时要用双手去接，并向授奖者行鞠躬礼致谢，然后面对台下，将奖品向观众展示后双手拿好贴放胸前。参加表演时，表演者对观众给予的热烈掌声应行鞠躬礼，微笑致谢，之后从指定的台口退场。

（四）参加开学、散学典礼或庆典礼仪

参加开学仪式、散学典礼或庆典仪式等集体活动时，应准时整队，按秩序入场、退场。仪式进行过程中，要保持会场肃静，不随意说笑、走动，不迟到或早退，不做与大会无关的事情。姿势要端正，必要时需统一着装。

（五）听报告、观看校园艺术表演等的礼仪

听报告、参加演讲和朗诵等学生比赛活动、观看校园艺术表演时，应该尊重参赛者、表演者，按时到达会场，自觉遵守会场秩序，注意力集中，并适时报以热烈的掌声以示感谢、祝贺、鼓励。不交头接耳，不随便谈笑，更不可起哄、鼓倒掌。应保持会场秩序，不随便进出。

（六）离开会场礼仪

在集会结束离开会场时，要服从会场工作人员的指挥，按秩序退场，切忌一哄而上，争先恐后，使门口、楼道拥挤堵塞。

三、宿舍礼仪

宿舍是学生共同休息和生活的场所。只有休息好，才能有旺盛的精力投入学习。住宿生不仅应该自觉遵守学校制定的住宿守则，还应该自觉遵守住宿生之间的一些礼仪，共同创造良好的休息和生活环境。住宿生应遵守以下礼仪：

（1）遵循以礼相待、互相谦让、先人后己、助人为乐的原则。

（2）自觉遵守集体的生活秩序和作息时间，按时起床、入寝、熄灯，不影响他人休息。

（3）主动承担打扫、擦洗宿舍地板、桌椅门窗的劳动，保持宿舍整洁。

（4）被褥折叠整齐美观，衣服、鞋帽及其他生活用品摆放整齐，放在合适的地方。

（5）不随便翻动他人的物品，自己的钱物等贵重物品要小心存放。

（6）在宿舍接待自己的亲朋好友时，应与同宿舍同学打招呼，主动介绍，注意不要影响他人的休息。

（7）到其他宿舍串门应打招呼，经允许后方可进入，主动向其他同学致意，不随便坐他人的床，逗留时间也不宜太长。

（8）到异性同学的宿舍应注意礼节，逗留时间不宜长，谈吐文雅，举止行为自尊、自重。

日常生活中，同学间朝夕相处，难免会发生一些矛盾和不愉快的事情，大家应克制自己，宽以待人，互相谅解。多从自己身上找错误，即使自己是正确的，也应心平气和地沟通，要得理让人。

四、公共厕所礼仪

厕所反映了一个社会的文明状况。如果你在厕所看到不卫生行为，如随地吐痰、随地小便、随手丢烟头、高声讲话，满是“厕所文化”的墙壁时，你是否会感到缺乏公德意识的可怕？在使用公共厕所时，应遵守以下礼仪规范：

（1）如果有人在使用公厕，后来者要在规定的区域内排队等候。

（2）用完公厕后要放水冲刷，方便随后使用的人。

（3）保持厕所内的卫生，不随处吐痰，手纸用后放进纸篓。

（4）上厕所时要关上门，以免使自己或他人难堪。

（5）便后洗手要小心，不要弄得到处都是水。

特别值得一提的是：要按照卫生间冲洗设备的装置，用手或脚放水冲刷。

五、网络礼仪

计算机、互联网已经走进了我们的生活，网络的发展增进了我们与外界的交往。作为中职生，我们在网络上与他人聊天时注意使用礼貌用语。

礼仪链接

《全国青少年网络文明公约》

要善于网上学习，不浏览不良信息；
要诚实友好交流，不侮辱欺诈他人；
要增强自护意识，不随意约会网友；
要维护网络安全，不破坏网络秩序；
要有益身心健康，不沉溺虚拟时空。

作为一名21世纪的中职生，在公共场所的一言一行，从仪表仪容到行为举止，不仅能反映个人的内在素质，还会反映个体的为人处世态度。校园就是我们的家，整洁干净的校园需要我们去爱护、维护，如果每位学生都能从小事做起，从身边做起，从点滴做起，从自己做起，我们的校园会更美丽。

礼仪互动

1. “学校无小事，事事皆育人”，你对这句话是怎样理解的？

2. 找出自己行为习惯中不符合校园礼仪规范的地方，制订改正的措施和计划。

3. 同学们，你能在1分钟之内说出10个在观看演出时不尊重演员、不专心观看的不礼貌行为吗？请将你的答案填在下面的方框里。

①______
②______
③______
④______
⑤______
⑥______
⑦______
⑧______
⑨______
⑩______

小提示：如果你还没有想好，暂时答不出来，你可以请身边的同学帮助你。都说“礼多人不怪，逢请必谢”，你对帮助你的他（她）说“谢谢”了吗？

礼行体验

训练内容

学生每10人一组，练习课堂纪律礼仪和课堂言谈礼仪，最后由教师点评。

训练要求

（1）以小组为单位，创设课堂发言和课堂讨论的各种情景，并扮演教师和学生的角色。

（2）各组成员变换角色，反复练习课堂中的礼仪，并相互纠正，直至各成员均掌握课堂中的纪律礼仪规范、发言礼仪规范和言谈礼仪规范。

训练评估

教师可以根据表4-1的内容对各组成员的训练情况进行评价。

表4-1　训练情况评价表

评价内容		分值	自评分	教师评分	综合评分
坐姿端正	头正，身直，臂开，足安	5			
尊重教师	精神饱满，注意力集中，认真地听教师讲解并做好笔记，虚心接受教师的教导	10			
维护秩序	保持安静，不随意讲话，不和同学交头接耳，不玩手机或看其他书报	10			

续表

<table>
<tr><th colspan="2">评价内容</th><th>分值</th><th>自评分</th><th>教师评分</th><th>综合评分</th></tr>
<tr><td>讲究卫生</td><td>保持教室干净、整洁，不随地吐痰、乱扔废弃物</td><td>5</td><td></td><td></td><td></td></tr>
<tr><td rowspan="3">礼貌发言</td><td>发言之前先举手，举手姿势端正，不要随意打断他人的发言</td><td>10</td><td></td><td></td><td></td></tr>
<tr><td>发言时站姿端正，挺胸抬头，精神饱满，仪态大方</td><td>10</td><td></td><td></td><td></td></tr>
<tr><td>发言时使用普通话，声音洪亮，语言流畅，语速适中，确保教师和同学都能听清楚</td><td>10</td><td></td><td></td><td></td></tr>
<tr><td rowspan="4">文明讨论</td><td>讨论过程中，首先倾听他人的完整观点，不随意打断他人的发言</td><td>10</td><td></td><td></td><td></td></tr>
<tr><td>辩驳他人的观点时只针对问题，不对他人进行人身攻击</td><td>10</td><td></td><td></td><td></td></tr>
<tr><td>在评价他人的观点时先肯定他人观点中的亮点，然后提出自己的看法或建议</td><td>10</td><td></td><td></td><td></td></tr>
<tr><td>当他人的发言有精彩之处时，以鼓掌的方式予以赞许</td><td>10</td><td></td><td></td><td></td></tr>
</table>

学以致用

1. 中职生在图书馆等公共学习场所时应该注意哪些事项？

2. 描述一下如何在课间操时做到快、静、齐、准。

3. 使用公共厕所时应遵守哪些礼仪规范？

4. 想一想，在集体宿舍中，应该用什么样的方式体现同学间的友爱？

5. 假设全校同学正在学校大礼堂参加开学典礼，忽然会场停电了，一片漆黑。几十秒后，电路恢复了正常。如果你遇到这种情况会怎么做？

单元五

社交礼仪

学习目标

知识目标

掌握会面、约请、观看演出、宴会、就餐及其他各种公共场所礼仪的要领。

能力目标

能够在言行举止中展现出良好的教养和修养，给人留下良好的印象。

素养目标

明确自己在社会中的角色和责任，强化公民意识；懂得如何遵守社会规则，尊重他人，关心公共利益，进而为构建和谐社会贡献自己的力量。

单元导读

古代，人们十分重视人际交往，“礼尚往来。往而不来，非礼也；来而不往，亦非礼也。”既有来往，又有回访，才能表现礼节。因此，迎来送往就成为好客的一种礼节。从迎接宾朋好友开始，直至送别宾朋好友，应始终处在一种热情、体谅、和谐的气氛中。

有亲朋好友到来，主人首先应迎于门外，互致问候后，再进入门内，这是古人常用的“见面礼”。古人在相互交谈时，也极重视礼节，尤其是重视仪表的庄重，不允许有轻浮、放荡的不文明举止。在交谈中，表现出对对方的尊敬和自己的谦逊，也是古人特别重视的一种礼节，被视为“礼貌”的体现。在对方讲话时，自己要专心致志、洗耳恭听，不能漫不经心，更不能打断别人的讲话。自己讲话时，眼睛应注视对方，语调平缓，不能强词夺理，摆出一副盛气凌人的架势。面见长者时，应“请见不请退”，即对长者可以请求会面，但谈话结束后，不要马上请求离去，要等到长者示意后，再告辞。待宾客告辞，主人为客人送行，通常是主人前引客人走出大门外。在门外，宾主再次相互致谢、答谢后，主人目送宾客离去。

古人的交往礼节，现在看来似乎太烦琐，过于注重小节，但恰恰是这些看似小事的礼节，体现了中华民族热情好客的风尚和文明礼貌的风范。

第一课 会面礼仪

会面礼仪，包括称呼、介绍、递接名片、握手等礼仪。礼仪到位，方可愉快交流。

一、称呼礼仪

在日常生活中，称呼应当亲切、自然、准确、得体，要根据对方的身份、地位、职业、年龄、性别以及对方所处场合的不同恰当选择称呼。

（一）称呼的形式

1. 生活中的称呼

可分为对亲属的称呼和对朋友、熟人的称呼。

（1）对亲属的称呼。对亲属可根据不同情况采取谦称或敬称。对本人的亲属，应采用谦称。称辈分或年龄高于自己的亲属，可在其称呼前加“家”字，如“家父”“家母”。对他人的亲属，应采用敬称。对其长辈，宜在称呼之前加“尊”字，如“尊母”“尊兄”。

（2）对朋友、熟人的称呼。对朋友、熟人，都可以用人称代词“你”“您”相称。对长辈、平辈，可称其为“您”。对待晚辈，则可称为“你”。对于有身份者、年长的男性，可以“先生”相称。其前还可以冠以姓氏，如“赵先生”“李先生”。对德高望重的年长男性，可在姓氏后加“老”字或“公”字，如“张老”或“张公”。

2. 工作中的称呼

在工作岗位上，人们彼此之间的称呼应庄重、正式、规范。

（1）职务称呼。在工作中，以交往对象的职务相称，以示身份有别、敬意有加，这是一种最常见的称呼方法。以职务相称，具体来说又分为三种情况：第一种，仅称职务。如“校长”“主任”等。第二种，在职务之前加上姓氏，如“王总经理”“刘董事长”等。也可使用简称，即“王总”“刘董”。第三种，在职务之前加上姓名，这仅适用于极其正式的场合，如“××总理”“××市长”等。

（2）职称称呼。对于具有职称者，尤其是具有高级、中级职称者，可以在工作中直接以其职称相称，下列三种情况较为常见：第一种，仅称职称，如“教授”“工程师”等。第二种，在职称前加上姓氏，如“李教授”“郑工程师”等。也可用简称，如可将“郑工程师”简称为“郑工”。第三种，在职称前加上姓名，它适用于十分正式的场合，如“郭×教授”“宋×主任医师”等。

（3）行业称呼。在工作中，有时可按所属行业进行称呼。如“老师”“教练”“警官”“医生”“会计”等。

（4）姓名称呼。在工作岗位上称呼姓名，一般限于同事、熟人之间。具体方法有三种：第一种，直呼姓名。第二种，只呼其姓，不称其名，但要在它前面加上“老”“小”，如“小王”“老李”等。第三种，只称其名，不呼其姓，通常比较熟悉的人之间采用这种称呼，如称“刘立辉”为“立辉”。

（二）涉外称呼

（1）在国际交往中，一般称男子为“先生”，对已婚女子或有地位的女士称“夫人”，对未婚女子或不了解对方是否已婚的女子，称“小姐”或“女士”。这些称呼可冠以姓名。

（2）对部长以上的男女官员，可称“阁下”“先生”，并冠以职务。有些欧美国家，如德国、美国、墨西哥等国，往往不称“阁下”，而称“先生”。

（3）对国王、皇后称“陛下”，对王子、公主、亲王称“殿下”，对有爵位的人称其爵位，也可称“先生”或“阁下”。

（4）对军官称其军衔，或冠以姓名加“先生”，对将军、元帅等高级军官称“阁下”。

（三）多人交往场合的称呼

在多人交往的场合，应遵循先上后下、先长后幼、先女后男、先疏后亲的称呼顺序。

（四）称呼的禁忌

人际交往中使用称呼时，应避免以下几个问题：在较为正式的场合，使用亲属类的称呼；在人际交往中，使用绰号作为称呼，甚至出现诸如“哥们儿”“姐们儿”等称呼；对一些特殊的人，如有生理残疾的人，使用带有刺激或蔑视的字眼。这些都是失礼或不妥的表现。

总之，称呼不仅可以成为沟通人际关系的信号和表情达意的手段，同时也体现出一个人对他人的尊重。

二、介绍礼仪

介绍是人们在社交场合中相互认识的基本方式，在素不相识的人之间起桥梁的作用。

（一）介绍的类型

在社交活动中，介绍的类型是多种多样的，按不同的标准有不同的类型。

（1）按照社交场合的正式与否区分，有正式介绍和非正式介绍。正式介绍是指在较为正规的场合进行的介绍，而非正式介绍是指在一般非正规场合中进行的介绍。非正式介绍不必过于拘泥于礼节。

（2）按照介绍者的位置区分，有自我介绍、他人介绍和为他人做介绍。

（3）按照被介绍者的人数区分，有集体介绍和个别介绍。

(4) 按照被介绍者的身份、地位区分，有重点介绍和一般介绍。例如对于要人和贵宾，可做重点介绍。

(二) 介绍的方法

在社交场合中使用较多的介绍方法有两种：为他人做介绍和自我介绍。

1. 为他人做介绍

为他人做介绍通常是介绍不相识的人相互认识，或者把一个人引荐给其他人。当介绍人时要注意以下礼仪：

(1) 掌握介绍的顺序。在社交场合，介绍两个人相互认识的时候，要坚持“尊重的一方有了解对方的优先权”的原则，即先把男士介绍给女士；先把年轻者介绍给年长者；先把客人介绍给主人；先把未婚者介绍给已婚者；先把职位低者介绍给职位高者。

一般来说，有中间人时，应由中间人为双方做介绍，而不宜主动做自我介绍。

在介绍过程中，先称呼女士、年长者、主人、已婚者、职位高者。例如，先把职位低者介绍给职位高者时，可以这样说：“张总，这是王秘书。”然后再介绍说：“王秘书，这位是张×总经理。”

当被介绍人是同性别或年龄相仿时，可以先把与自己关系较熟的一方介绍给自己较为生疏的一方。例如：“陈×，这是我的同学方×。”然后说：“方×，这位是陈×。”

(2) 讲究介绍的礼仪。为他人做介绍时，态度要热情友好，不要厚此薄彼，不可详细介绍一方，粗略介绍另一方。介绍前，应先向双方打招呼，使双方都有思想准备。介绍时，语言应清晰、准确。此外，手势动作应文雅，无论是介绍男士还是女士，都应手心朝上，四指并拢，抬至肩膀以上 10 厘米，指向被介绍的一方。

作为被介绍者，在被介绍给他人时，一般应面向对方，并做出礼貌的反应。例如说“幸会”“久仰大名”“认识您非常高兴”等，然后双方按照握手顺序再行握手礼。

2. 自我介绍

在社交活动中，有时需要做自我介绍。例如：由于某种原因，主人对互不相识的客人未做介绍，这时可以进行自我介绍；为了结交某位知名专家，也可以主动进行自我介绍等。自我介绍是社交的一把钥匙，务必运用好。

(1) 注意介绍内容的繁简。一般而言，自我介绍不可缺少“三要素”——姓名全称、工作单位全称及职位。例如，“我是某某，在某某单位或地方担任××一职”。如果与新结识的朋友谈得很投机，双方都愿意更多地了解对方，介绍的内容还可适当增加，例如自己的籍贯、母校、经历等。自我介绍应当实事求是、态度真诚，既不要自吹自擂、夸夸其谈，也不要自我贬低、过分谦虚。恰如其分地介绍自己，才会给人以诚恳、可以信任的印象。

在某些场合，自我介绍的内容还可以更加丰富，表达可以更加生动。

礼仪链接

三个介绍案例

(1) 从介绍自己姓名的含义入手。例如，一位刚毕业的大学生入职某单位，在所在科室的欢迎会上，他这样进行自我介绍："前辈们好，我是苏杰。苏是苏东坡的苏，杰是杰出人才的杰。自古以来，苏姓人才辈出，因此父母也希望我成为一个杰出的人才。我刚毕业，事业刚刚开始，但我相信在各位前辈的帮助下，成功之路就在自己的脚下。"借自我介绍之机，恰当地表露自己的谦虚和抱负。

(2) 从自己的生肖入手。如在一次礼仪先生、礼仪小姐比赛中，一位礼仪小姐这样自我介绍："我的生肖排第一，属鼠，我去年进入××宾馆工作，今天是我参加工作以来的第一个五一国际劳动节，也是我第一次参加如此大规模的比赛，但愿这么多的'第一'会给我带来好运。谢谢大家。"参赛者的介绍，较恰当地引出了自己的年龄、职业、参赛信心，给人留下了深刻的印象。

(3) 从自己的职业特征入手。一位礼仪先生在上述比赛中这样自我介绍："我叫张×，在××公司公关部工作，公关是塑造形象和沟通协调的一项工作，只要具有公关知识和素养，公关工作便事半功倍。"一番话，使人既了解了公关工作，又认识了参赛选手。

(2) 讲究自我介绍的艺术。

首先，自我介绍要寻找适当的机会。当对方正与人亲切交谈时，不宜走上前去进行自我介绍，以免打断别人的谈话；当对方独处或与人闲谈时，则可见缝插针，抓住时机进行自我介绍。

其次，自我介绍要看场合。如与一人会面，问好后便可开门见山进行自我介绍。如有多人在场时，自我介绍前最好加一句引言，例如"我们认识一下好吗？我是……"做自我介绍时，不要把目光集中在一个人身上，最好环视大家。然后将目光转向他们中的某个人，这样大家也会相应地做自我介绍。

此外，进行自我介绍前，也可以引导对方先做自我介绍，诸如，"请问您贵姓？""您是……"等，待对方回答后再顺水推舟地介绍自己。两人相互认识后希望进一步交往，还可以交换名片，以便今后联系。

三、递接名片礼仪

作为交际工具之一的名片，在我国已有两千多年的历史。早在秦汉时期，一些达官贵人便开始使用一种称作"谒"的竹制或木制名片，后改用绢、纸名片；汉末，则改称"刺"；六朝时称名片为"名"；唐朝称"门状"等；明朝称"名帖"；清朝称"名刺”或“名片”；后统称为“名片”，沿用至今。

今天，无论男女老少，都可以拥有名片。名片不再仅仅用于通报姓名、身份和结交友人，还被广泛用于答谢、邀约（代替请柬）、馈赠、祝贺、挽悼等事宜。随着社会的进步和科技的发展，名片的功能越来越多，而名片的制作也越来越讲究。

（一）名片的种类

现代名片的规格一般为 10 厘米长、6 厘米宽，或略小。世界各国名片规格也不统一，如我国名片规格通常为 9 厘米×5.5 厘米，而英国名片规格通常为 7.62 厘米×5.08 厘米。制作名片的材料更是多种多样，有布纹纸、白卡纸、合成纸、皮纹纸，以及不锈钢、黄金和光导纤维等。

名片大体上可分为三大类：社交名片、职业名片、商务名片。社交名片一般只印姓名、地址、邮政编码、电话号码；职业名片上除了姓名、地址、邮政编码、电话号码外，还将所在单位名称、职称、社会兼职等印在上面；商务名片正面内容与职业名片相同，但名片背面通常印上单位经营项目等。

（二）交换名片礼仪

参加社交活动时，宜随身带上几张名片以备用。与初次见面的人相识后，出于礼貌和有意继续交往，便可以适时递上自己的名片（见图 5-1）。

图 5-1　交换名片

递、接名片时，如果是单方递、接，应用双手递，双手接；若双方同时交换名片，则应右手递，左手接。接过对方的名片后应点头致谢，真诚地说几句诸如“幸会”之类的客气话，并认真地看一遍名片。最好能将对方的姓名、职务（称）轻声读出来，以示尊重。名片可以暂时摆在桌面上显眼的位置，注意不要在名片上放任何物品。

（三）名片的保存

在社交活动中，收下对方名片后，应放进上衣的口袋，或放入名片盒。回家或回到办公室后，则应将接受的名片分类放进专用名片簿。

收到的名片较多时，可按下列三种方法分类收藏，以便日后查找和使用。

（1）按字母顺序分类。外国友人的名片可以按英文字母顺序或其他外国文字字母顺序排列，中国同胞的名片可以按汉语拼音字母顺序或汉字笔画分类排列。

（2）按行业分类。例如，可以把文化界同行的名片放在一起，把企业界朋友的名片放在一起。

（3）按国别或地区分类。每一张名片都犹如一张记事卡，可在名片背面记录收到名片的时间与地点等，但不要在名片上乱涂乱画。

双方交换了名片，意味着彼此之间架起了一座交往的桥梁，但不一定就能够成为朋友。因为此时的友谊犹如一株幼苗，只有经过双方长期共同培育，才有希望长成不怕风吹雨打的参天大树。

四、握手礼仪

古时候，我国士大夫见面时行拱手礼。民国时期，西方的握手礼传入我国。如今，握手已经成为我国民众见面时常用的一种礼节。

（一）握手的顺序

握手作为一种礼节，遵守“尊者有握手的主动权”原则。在社交场合中，握手的顺序应根据握手人的社会地位、年龄、性别和身份来确定。上下级握手，下级要等上级先伸出手；长幼握手，年轻者要等年长者先伸出手；男女握手，男士要等女士先伸出手。在正式场合，领导先伸手，而不论年龄和性别。主客相见，主人先伸手，表示欢迎之意；宾客告辞，客人先伸手，表达感谢之情。总而言之，社会地位高者、年长者、女士、主人享有握手的主动权。朋友、平辈见面，先伸出手者则表现出更有礼貌。

（二）握手的规矩

握手作为见面时的一种礼节，有约定俗成的规矩和要求。戴手套的男士握手前应脱下手套，放好或拿在左手上，再和人握手。

多人同时握手时，注意不要交叉握手，不可左右手同时与两个人相握，也不宜隔着中间的人握手，要等别人先握手，然后再伸手。在参与者较多的聚会场所，可只与主人和熟人握手，向其他人点头致意即可。

除特殊情况外，通常应站着握手。握手须用右手。握手力度的大小和握手时间的长短，往往表明对对方的热情程度。一般情况下，握手用力要适当，时间两至三秒钟即可。久别重逢的朋友握手，时间可长一点，力度可大一点，还可上下摇动，但也不必太使劲，以免把友人的手握疼。过分热情，效果会适得其反。

在一般社交场合，男女握手时，女士只需轻轻地伸出手掌；男士稍稍握一下女士的手指部分即可，不要用双手握同辈女士的手，也不要握得太紧，更不要握得太久，但公务活动除外。

第二课 约请与应邀礼仪

一、约请礼仪

一般而言，比较正式的会面都会先发出约请。

（一）约请的种类

约请分为口头约请和书面约请两种。口头约请即当面或打电话将活动目的、时间、地点告诉对方。书面约请分为发请柬（亦称“请帖”）与发便函两种。

1. 发请柬

有些国家，邀请最高领导人作为主宾参加活动须单独发邀请函，邀请其他宾客则发请柬。发请柬既表示对客人的尊敬，也表明邀请者的诚意和郑重态度。

规格较高的外事请柬，一般提前1～2周发出，以便被邀请人及早安排。已经口头约定的活动，补送请柬时，在请柬右上方或下方注上“To remind”（备忘）字样；需安排座位的活动，请柬上一般用法文缩写注上“R. S. V. P.”（请答复）字样；如果只需要不出席者答复，则可注上“Regrets only”（因故不能出席者请答复）。

请柬内容包括活动的目的、名义、时间、地点。中文请柬行文不用标点符号，所提到的人名、单位名、节日名称都应用全称。中文请柬行文中不提被邀请人姓名（其姓名写在请柬信封上），主人姓名（如以单位名义邀请，则用单位名称）放在落款处。请柬既可以印刷也可以手写，字迹应美观、清晰。中文请柬格式示例如下：

为庆祝中华人民共和国成立××周年，谨定于××××年×月×日（星期×）下午×时在×××××举行招待会。

敬请光临

×××（主人姓名）
（请进×门）

请柬信封上要准确书写被邀请人的姓名、职务。所举办活动对服装有要求时，应注明是正式服装还是便服。如已排好座次，应在请柬信封下角注明。

2. 发便函

发便函多用于非正式活动，起通知作用。便函是一种用于处理日常事务的非正式公文形式，其格式和内容相对灵活，没有固定的格式要求，但一般应注意以下事项：

（1）便函的基本格式和内容。

1）标题：如果有特定的主题或事由，可以在便函的开头写上简短的标题，如“关于×××的便函”“×××的回复”等。

2）称谓：根据收函人的身份和关系，选择合适的称谓。例如，对上级或平级可以用“尊敬的×××先生/女士”“×××经理/主任”等；对下级或关系较亲密的人，可以用“×××同志”“×××朋友”等。

3）正文：正文是便函的主体部分，应简明扼要地说明写信的目的和事由。可以分段书写，每段针对一个具体的内容或要求。语句要通顺，表达要清晰，避免使用过于复杂的词汇或句子结构。

4）结尾：结尾部分可以根据情况写上“特此函告”“此致”“敬礼”等惯用语。

如果是回复函，可以在结尾处写上“期待您的回复”或“如有任何问题，请随时与我联系”等语句。

5）署名和日期：在便函的右下角写上发函人的姓名或单位名称。在署名的下一行写上日期，格式通常为“××××年××月××日”。

（2）便函的注意事项。

1）简洁明了：便函的语言应简洁明了，避免冗长和复杂的句子。

2）礼貌得体：在称谓和结尾部分要表现出礼貌和尊重。

3）准确无误：便函中的信息应准确无误，避免错误或遗漏。

4）书写整洁：便函的书写应整洁美观，符合一般的书写规范。

（3）便函示例。

关于请假事宜的便函

尊敬的张主任：

您好！因我近期身体不适，需要前往医院进行检查和治疗，预计需要请假一天。特此向您请假，并请您批准。如有需要，我会将医院的证明和相关手续交给您。

感谢您的理解和支持！

此致

敬礼！

×××

××××年××月××日

（二）约请应做的工作

（1）确定活动目的、邀请范围，注意被邀请人同主宾关系是否融洽，避免邀请与主宾有矛盾的人。

（2）确定时间、地点。选择时间要考虑客人的习俗。

（3）举办宴会，应注意客人的饮食禁忌。

（4）布置会场，安排座次。

（5）及时发出请柬或便函。

二、应邀礼仪

应邀是接到邀请后做出的反应，应讲究有关礼仪。

（一）及时答复

被邀请人接到邀请后，无论是否接受对方的约请，都应及时作答。既可给予书面答复，也可以做口头答复。若因故不能赴约，应婉言说明。

（二）应邀注意事项

（1）核定邀请范围，是否携带家人。留意服装要求。

（2）若应邀参加节日、生日等庆贺活动，应准备鲜花等礼品；若应邀参加自费聚会，应带钱前往。

（3）准时赴约，到达现场后，应主动与站在门口迎接的主人打招呼。

（4）入座前看准自己的座次，若不是主宾，一定注意不要坐在主宾座位。

（5）活动结束时向主人告别，表达赞美和谢意，并酌情与周围的人话别。

第三课　观看演出礼仪

演出是文艺演出的简称，如戏剧、音乐、舞蹈、曲艺、杂技等公开的表演。观看演出的礼仪主要是指观众在观看演出时应遵守的礼仪规范。

一、文明观看，切忌喧哗

要提前 15 分钟进场，对号入座，如果迟到，应等幕间休息时再入场。观看演出时要保持安静，应将手机关机或设置为振动或静音状态。若在演出期间手机铃声大作，不仅会影响其他观众的观演，也可能会影响演员的表演。若是杂技之类的有一定危险性的表演项目，突然的噪声干扰可能会导致灾难性的后果。所以，观众在观看表演期间应保持安静，不要交头接耳、窃窃私语，还要保证携带的其他随身物品不发出声响。除非舞台上的演员要求观众一起演唱，否则不要唱歌、哼唱或吹口哨。

观看演出时，不要戴着帽子，这样容易挡住后面观众的视线。不要在观众席内脱鞋或袜子，也不要在观众席内当众脱换衣服。坐姿要端正，不要左右晃动、前蹬后仰、扭来扭去。不要把脚踩在他人椅面上或蹬在他人椅背上，也不能坐在扶手上或蹲在椅子上。

观看演出期间，应在座位上坐定，不要随意走动，更不要双臂都占用椅子扶手。礼仪中的一个常用经验法则是，使用你的右扶手。如果可以，两个扶手都空出来。禁止吸烟，不要乱吃零食，以免发出声响或味道影响他人。若是食用带壳食物或者较脆的食物，会在座位和地板上留下食物残渣。不要随处扔纸屑、食物包装纸、矿泉水瓶等，更不能随地吐痰。禁止拍照和录像，拍照和录像难免会打扰到其他观众、影响演员，是非常不礼貌的做法。另外，没有经过演出团队的同意便擅自拍照或录像，也是侵犯他人权益的做法，若被演出团队追究，则会受到法律的惩罚。

二、文明鼓掌，尊重演员

每当一个节目结束之后，观众都应热烈鼓掌，以表示对演员的肯定和支持。如果参加古典音乐剧或者音乐会，应在表演结束后鼓掌；如果参加音乐剧或者戏剧，有些场景很有趣，剧场也会提示观众给予笑声和鼓掌，此时对演员的情绪和感受做出反应是可以的。不要因为兴奋而做出可能破坏节目的反应。有些受欢迎的剧目会反复巡演，这有可能是你第二次或第三次观赏，但你身边的人可能是第一次观看，所以，请记住不要影响他人观看节目的体验。尤其要注意的是，在演出过程中，演员如果出现了一些失误，一定不要喝倒彩、鼓倒掌，这是对演员的基本尊重和支持，也是作为观众的基本礼仪。

三、演出结束，按序退场

当所有的节目都表演完毕，舞台落幕时，全体观众应站立起来，热烈鼓掌，以表示对表演团队精彩演出的感谢。然后，待灯光打开，应按座位离出口远近为序依次离场，离场时应注意井然有序，切忌大声喧哗、横冲直撞。如有垃圾，应用袋子装好，待演出结束后随身带走并扔进垃圾桶内。不要出于好奇心对演员的道具随便触摸，如想与演员合影，要先征得对方同意。

第四课 宴会礼仪

宴会可以创造亲切、融洽的交际气氛，是人际交往中常见的聚会形式，尤其在饮食文化历史悠久的中国，它是沟通人的情感，密切人与人之间关系的重要手段。

一、宴会的分类与安排

（一）宴会的分类

宴会可以按照不同标准分为不同的种类。

（1）按规格可以分为：国宴、正式宴会、便宴、家宴。

（2）按性质可以分为：鸡尾酒会、冷餐会、茶会、招待会。

（3）按目的可以分为：欢迎宴会、答谢宴会、欢送宴会。

（4）按形式可以分为：早宴、午宴、晚宴。

（二）宴会的安排

1. 宴会的规格与形式

宴会规模的大小必须与嘉宾的身份、宴请人的身份相宜，宴会形式的选择必须切合宴会的目的和名义。一般国宴只限于国家领导人接待外国领导人，或者国家元首为庆祝国内重大的节日而使用。接待嘉宾，如果是官方性质的，则采用正式宴会、招待会、茶话会等形式，如果是私人关系的，则选择便宴、家宴比较合适。

2. 宴会地点的安排

地点的选择必须与宴会的规模、形式相一致，例如国宴可以安排在国家最庄严、最隆重的招待场所，我国人民大会堂、钓鱼台国宾馆就是经常举办国宴的场所。

3. 宴会时间的选择

一般要与主宾商量，征求客人的意见，尽量避开客人的节日、假日和工作繁忙的日子，例如一些西方人禁忌数字十三和星期五。

4. 宴会邀请

宴会邀请有书面邀请和口头邀请之分，前者要填写请柬，后者是直接口头告知或打电话邀请。发请柬既表示对被邀请人的尊敬，也表明邀请者对此事的郑重态度，同时还达到了提醒、备忘的作用。便宴经口头约妥后，亦可不发请柬。工作餐一般不发请柬。按照国际惯例，对夫妇二人发一张请柬即可。

5. 宴会席位安排

正式的宴会一定要安排客人的席位，有的只安排部分客人的席位，其他人只排桌次或自由入席。按照国际惯例，桌次高低以离主桌位远近而定。席位安排时，要男女穿插，主宾在女主人的右上方，主宾夫人在男主人的右上方，男次宾在女主人的左上方，女次宾在男主人的左上方，以后依次排列。如遇主宾身份高于主人，为表示对他的尊重，可以把主宾安排在主人的位置上，主人在主宾的位置上。

席位安排妥后，可以写上座位卡。中国宴会上的座位卡，一般是中文在上面，外文在下面。

宴会使用的桌子有椭圆形、长方形、正方形。两桌以上的宴会，桌子之间的距离要适当。几种宴会的桌次和座位的安排顺序如图 5－2 和图 5－3 所示。

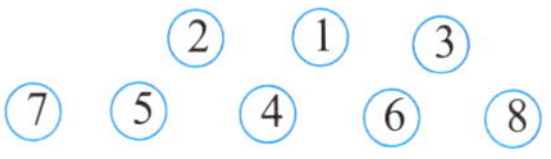

（a）示例1

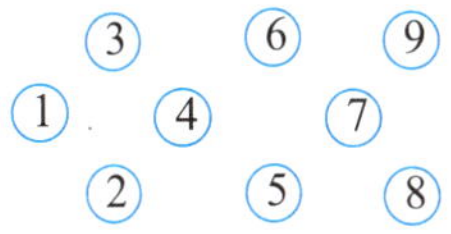

（b）示例2

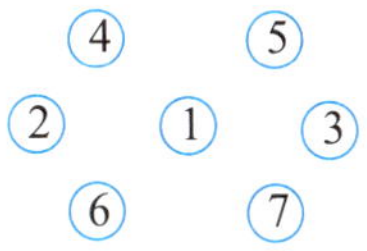

（c）示例3

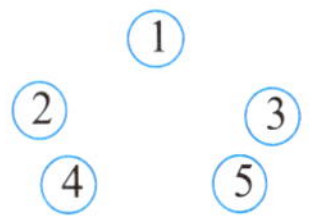

（d）示例4

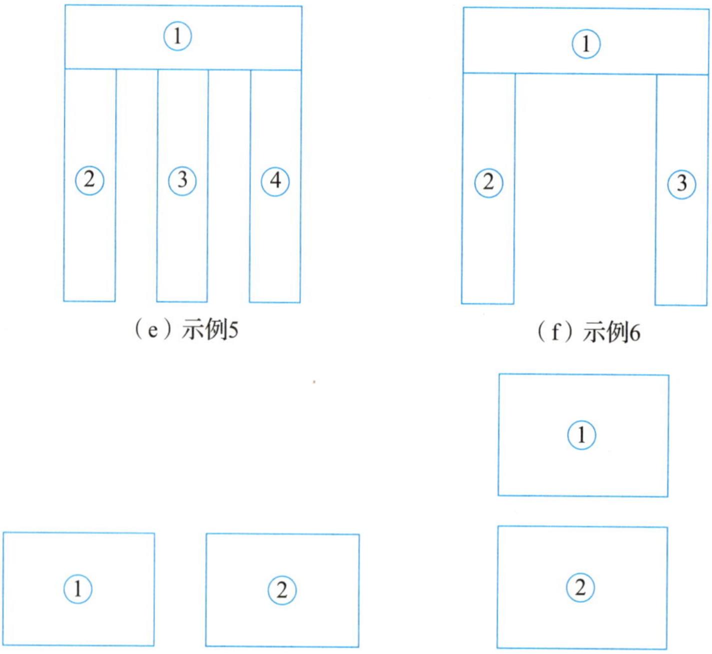

（e）示例5　（f）示例6　（g）示例7　（h）示例8

图 5－2　宴会桌次安排示例

注：①为主宾席。

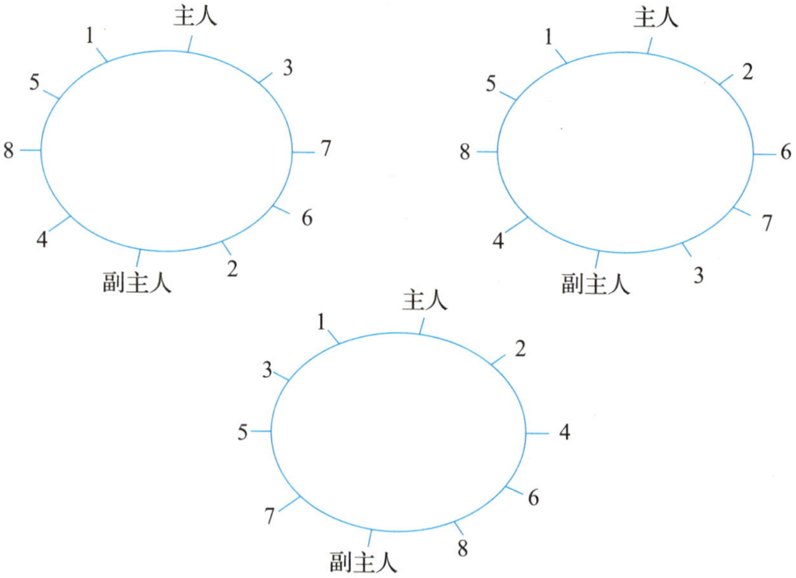

图 5－3　正式宴会座位安排（中餐）示例

二、赴宴者礼仪

赴宴即参加宴请。和宴请宾客一样，在大型谈判交际活动中，赴宴也同样具有重要的作用，因而有必要了解参加宴请的一些礼仪。

（一）应邀

接到宴会的邀请后，要根据邀请方的具体要求，尽早、尽快地答复对方能否出席，以便主人安排。答复对方时可打电话，也可复以便函。在接受邀请之后，不要随意改动。如果由于特殊情况不能出席，尤其是主宾，应及早向主人解释、道歉。应邀出席一项活动之前，要向宴请的主人核实宴会举办的时间、地点，是否邀请了配偶，以及主人对服装的要求等，以免失礼。

（二）掌握出席时间

出席宴请活动，抵达时间的迟早及逗留时间的长短，在某种程度上是对主人尊重程度的反映，这要根据活动的性质及有关习惯来把握。迟到、早退或逗留的时间过短，都被视为失礼或有意冷落主人，身份高者可按时抵达，一般客人应略早抵达。在我国，一般应正点或提前十分钟或按主人的要求抵达。确实有事需要提前退席，应向主人说明后悄然离去，或事先打招呼，届时离去。

（三）抵达

抵达宴请地点，先到衣帽间，脱下大衣和帽子，然后前往主人迎宾处，主动向主人问好。如果是庆典活动，应表示祝贺。

（四）入座

应邀出席宴请活动，应听从主人安排，即所谓客随主便。要先弄清自己的桌次、座次再入席，如邻座是年长者与女性，应主动协助其先坐下。

（五）进餐

入座后，主人招呼，便开始进餐。

（六）交谈

无论是主人、陪客还是宾客，都应与同桌人交谈，特别是左右邻座。邻座如不相识，可先自我介绍。

（七）祝酒

作为主宾参加宴请，应了解对方的祝酒习惯，即何人祝酒、何时祝酒等，以便做必要的准备。碰杯时，主宾与主人先碰，人多时可同时举杯示意，不一定碰杯。祝酒时注意不必交叉碰杯。在主人和主宾致辞、祝酒时应暂停进餐，停止交谈，注意倾听，遇到主人和主宾来桌前敬酒时，应起立举杯。碰杯时，要目视对方致意。宴会上互相敬酒，表示友好，活跃气氛，但切忌喝酒过量，否则会失言失态。

（八）宽衣

在社交场合，无论天气如何炎热，都不能当众解扣脱衣。小型便宴，如主人请客人宽衣，男宾可脱下外衣搭在椅背上。

（九）喝茶或咖啡

通常牛奶、方糖均用单独器具盛放，喝茶或咖啡时如愿意加牛奶、方糖，可自取加入杯中，用小茶匙搅拌，茶匙放回小碟内。喝时用右手拿杯把，左手端小碟。

（十）纪念物品

有的主人会为每位出席者备有小纪念品，宴会结束时，主人会叮嘱客人带走纪念品。遇此，可说一两句赞扬纪念品的话，但不必郑重示谢。除了主人特别示意作为纪念品的东西外，各种招待用品，包括糖果、水果等，都不要拿走。

（十一）致谢

对主人的致谢，除了在宴会结束告辞时表达之外，若是正式宴会，还可在两三天内以寄送印有“致谢”字样的名片或便函表示感谢。有时私人宴请也需致谢，名片可寄送或亲自送达。

（十二）退席

退席在宴会进行中是一个容易引人注目的举动。退席的时间要把握好，通常是在大家都吃完之后。若确有要紧的事必须提前走，可以向主人和其他客人说明原因后告辞，同时请大家多待会儿。临走时应向主人道谢，对其他客人点头示意。

退席时有五点需要注意：第一，如果你已提出退席，就应立即从座位上站起，不要嘴上说走，却坐着不动；第二，告知退席并致谢后，不要拉住主人聊个没完，影响主人照顾其他客人；第三，退席的男宾应先与男主人告别，然后向主人家庭的其他成员告别，女宾则相反；第四，如果同时退席的人数较多，只需与主人微笑握手言谢就可以了；第五，进餐完毕，应让第一主人、第一主宾先起身离席，其他人员随后依次离席，离席时，年轻者主动帮助照顾年长者，让他们先行离席。

礼仪互动

小明的父母为远道而来的大学同学接风，请你为小明家安排合适的席位。宴席的主方为小明和他的父母以及爷爷四人，客方为黄叔叔夫妇和女儿三人。

第五课　就餐礼仪

组织与参加宴请都要注重礼仪。出席者在收到请柬并决定赴宴后，应记清楚宴会的时间、地点及附注的要求。赴宴前根据时间、地点、场合选择美观、大方、得体的服装，人数较多、规模较大的宴会应提前 15 分钟到达，不应过早到达或迟到。

中餐、西餐是我国宴请活动中最常见的形式。中餐宴会常用圆桌，西餐宴会常用长台桌，出席者在到达宴会场所入座前，应核实自己的桌次与座次；待主人入座后，自己从椅子左方入座，注意双手拉出座椅（男士有义务先帮邻座女士拉开座椅，请对方先入座）；注意坐姿与表情，与同桌人适当打招呼与寒暄。

一、中餐进餐礼仪

第一，穿着的长衣、外套应脱挂在衣帽间内或衣架上，女士随身带的小包或围巾等物品不要随意放在桌上，可放在椅背上或椅背和椅座之间。

第二，用餐前，有时服务员会送上一方热毛巾用于擦拭双手，千万不要用来擦脸、脖颈或手臂等。如要擦汗，须选用餐巾。

第三，用餐开始时，将餐巾轻轻打开，平放在双腿上。如中途短暂离开，可将餐巾放在椅子上，不要放在桌上右上角，那表示你的用餐已经结束，准备离开或允许服务员收盘。用餐中，可用餐巾轻轻擦拭嘴角。

第四，夹菜时轻轻转动餐桌转盘，当所需菜肴转到自己面前时再取用，一定要避免在他人正在夹菜时转动转盘；用公筷、公勺将所需菜肴取到自己的盘中，再用自己的筷、勺慢慢享用；使用餐具要轻拿轻放，用餐时嘴巴不能发出响亮的咀嚼声，注意嘴角的卫生。

第五，用餐中，得体地与全桌人交谈，不要一直和某一两个人私语；交谈时，嘴中不能含着食物。

第六，需要吐出骨头、鱼刺时，直接吐在桌上是不雅的，应轻吐在自己的垫盘内并用手稍作遮挡。不要用手、指甲、筷子剔牙，必要时用牙签，并用手轻捂口鼻，同时挡住牙签。

第七，使用公勺、公筷等其他用具时，自己的汤勺、筷子应放在碗、碟和垫盘上。筷子是中餐使用的主要餐具，正确使用筷子能体现一个人良好的教养。

第八，当主人示意用餐结束时，应结束用餐，带齐自己的物品，礼貌道别并致谢。

礼仪链接

“忌八筷”

一忌敲筷——拿筷子敲碗碟。

二忌舔筷——就餐中常舔筷子上的汤渍、菜叶。

三忌挑筷——在一个餐盘中用筷子挑来挑去、上下搅动。

四忌游筷——手拿筷子从一个餐盘到另一个餐盘，反复不定、犹豫不决。

五忌滴筷——夹菜时汤汁不停滴漏。

六忌飞筷——说话、交谈时筷子飞来舞去或指点他人。

七忌插筷——将筷子直插在饭碗中。

八忌剔筷——将筷子当成牙签剔牙。

二、西餐进餐礼仪

西餐有固定的上菜、上酒水、上甜点等程序，不同的国家和地区有不同的宴请规格和形式，但正式宴会都有统一的程序。值得注意的是，西餐宴会中上菜的顺序与餐具的使用有一定的规则与礼仪要求。

礼仪链接

吐鱼刺惹的祸

在德国求学期间，张某因一次宴会上的吃鱼礼仪问题而差点与德国教授交恶。在德国，人们以肉食为主，经常烹食鱼肉。一次宴会上，张某取了鱼块享用，并边吃边吐鱼刺，这在德国被视为非常不礼貌和不卫生的行为，德国教授因此非常生气。张某后来了解到德国人用餐时，如果是肉食，会在放入口中前先剔除骨头、鱼刺等，而不习惯直接吐出。

这个故事告诉我们，不同国家和地区有着不同的餐饮礼仪，在跨文化交流中需要尊重并学习这些礼仪，以避免误会和冲突。

（一）开胃汤

喝汤时，汤匙从自己身体一侧由桌沿朝向桌中心方向轻舀，以免汤汁滴落在桌布及衣服上；不要对着汤碗吹气，不可把碗端起来直接喝；汤汁见少时，可将汤碗轻轻倾斜，以便用汤匙由内向外舀起，也可用餐前小面包蘸取。喝完汤，汤匙匙心向上、匙柄向右放在汤碗（盘）中。

（二）面包

吃面包时，要拿在手上撕成小块送入口中，不可直接咬，应注意在餐盘上方食用，面包屑不能散落在餐桌上。如需传送面包篮，待传给自己时根据所需自取，并向右边传递。面包篮放在桌上时，不可起身伸长手臂取面包，应请离面包篮较近的人传送给你。面包需要抹黄油和果酱时，要用专用小刀，将面包撕一块、抹一块、吃一块。

（三）副菜、主菜

西餐的副菜以鱼类、贝类、海鲜类为主，备有专用调味汁，配白葡萄酒；主菜以肉类、禽类为主，配有蔬菜沙拉，配红葡萄酒或烈性酒。

用餐时，餐具摆放的顺序是配合所上菜肴的顺序的。餐桌上有多副刀叉并排时，应先取用摆在最外面的一副刀叉，由外至内依次取用。一般左手持叉，右手持刀。

吃烤鸡、龙虾、有骨头的肉类时，可用手直接撕着吃，一般备有洗手盘（盆）。注意不能将整块食物全部放入口中再吐出骨头，应用手指捏住骨头，吃完后，轻轻将骨头放入盘中。

吃主菜中的牛排时，应左手用叉轻按牛排，右手用刀切成适度小块，再用叉叉住送入口中。从牛排右侧开始，由外至内切一块、吃一块，动作要轻，不可发出较大声音，不可全部切成小块后再食用。

牛排可根据个人口味告知服务人员烤几成熟，猪排、羊排一般是全熟；吃鱼时，可先将鱼头、主骨、尾、鳍等去掉放置在餐盘前侧，再以刀叉配合食用鱼肉，不可翻转鱼身。

用餐中途短暂停顿时，左叉右刀成八字形搭在盘沿，叉齿向下，刀刃向内，餐巾放于座椅上；若用餐已结束，刀叉并列摆放在盘上，叉齿向上，刀刃向内，餐巾放置在餐盘右上角。

用餐过程中需用洗手盘（盆）时，注意轻轻洗净手指，不要将手掌完全放进洗手盘（盆），洗后用餐巾擦干；餐桌上的水杯中备有饮用水，是用于换菜时冲淡前一道菜的口味的，所以不应一口气喝完；需要服务人员提供换盘等服务时，应用眼神或稍举手示意服务员前来，不应大声叫喊。

（四）蔬菜类菜肴（沙拉）

蔬菜类菜肴（沙拉）可以安排在肉类菜肴之后，也可以与肉类菜肴同时上桌。与主菜搭配的沙拉，称为生蔬菜沙拉，一般用生菜、番茄、黄瓜、芦笋等制作。还有一类是用鱼、肉、蛋类制作的，一般不加味汁。

（五）甜品、饮料

西餐用餐最后一般依次上点心、甜品及饮料。注意咖啡的饮用礼仪。

喝咖啡时，可根据自己的口味，用专用的糖夹（匙）添加糖，或再加牛奶，用小匙轻轻搅拌，搅拌后将小匙放置在咖啡托盘一侧，喝时不能放在杯内；左手端托盘至胸前上下的位置，右手拿起咖啡杯饮用，再放回托盘，放置在桌上，不要直接拿着咖啡杯饮用或走动。

第六课　公共场所礼仪

一、购物礼仪

中职生在校园里会经常购买生活用品和商品，在商场或超市购物的礼仪也不可少，一来体现了作为学生应该具备的素质，二来有利于营造良好的校园购物环境。

（一）常说礼貌用语

在超市购物的时候，用“喂”“嗨”等字眼把售货员呼来喝去是非常不文明、不礼貌的行为；也不要把从别处带来的坏情绪发泄在售货员身上。应该常说“谢谢”“请”

“您”等字词。

（二）购物着装须整洁

有不少学生因为超市离宿舍近，就不注重穿着，穿着拖鞋和背心就直接到超市购物，这是极失礼的表现。

（三）控制音量，礼貌交流

超市也是公共场合，不要在超市里大声喧哗，对售货员要用亲切的礼貌语言，轻声交流。

（四）避免乱拿乱放

如果错拿了部分商品，应将其归还原处或放在超市指定的地点。购买衣物时也要将试过的衣物归还售货员，不要随便放在角落就扬长而去。此外，贵重的商品要轻拿轻放，这样做也能避免很多麻烦。

（五）自觉排队

买东西、试衣服、结账时，如果前面有人，应自觉排队等待。排队时应与前面顾客保持一定的距离。

（六）不随便打开包装

虽说超市可以自选购物，但自选不等于随意而为，选购商品时，不要随意打开包装。

二、影院礼仪

影院作为重要的公共文化空间和社交场所，讲究礼仪不仅是对他人的尊重，也是自身素质的体现。以下是一些关键的影院礼仪。

（一）入场与就座

（1）提前入场。最好在电影放映前 5～15 分钟检票入场，以便有足够的时间找到座位并避免在黑暗中摸索座位，打扰其他观众。

（2）对号入座。进入影厅后，应按照电影票上的座位号迅速对号入座，避免占座、串座或躺坐。

（3）保持安静。入场过程中应尽量保持安静，不要大声喧哗或打闹，以免影响他人。

（二）手机管理

（1）调至静音或振动模式。在电影播放过程中，应将手机调至静音或振动模式，避免手机铃声打扰其他观众。

（2）尽量少使用手机。观影过程中应尽量少使用手机，如果需要接电话或查看信息，最好走到影厅外或不影响他人的区域。

（3）禁止摄录。在电影院内不得对影片进行拍照或录像，这不仅是对影片版权的尊重，也是对其他观众的尊重。

（三）坐姿与举止

（1）端正坐姿。观影时保持端正的坐姿，不要抖脚、不要踢前面的座椅或将腿搭在前面的座椅上。

（2）保持安静。避免交头接耳、高声议论或发出其他可能影响他人观影的声音。

（3）管理随身物品。观影时尽量少摆弄随身物品，以免发出噪声或影响他人观影。

（四）饮食管理

（1）减少饮食。在电影院内尽量减少饮食，尤其是带有刺激性气味、有壳或咀嚼声音过大的食物。

（2）保持清洁。如果带了食品和饮料，尽量不要弄脏座位和周围环境，观影结束后应将产生的垃圾带走并分类投放。

三、乘坐交通工具礼仪

（一）乘坐轿车礼仪

乘坐轿车的礼仪主要涉及座位的选择与就座顺序，以及乘车过程中的行为举止。以下是一些关键的乘坐轿车礼仪。

1. 座位选择与就座顺序

（1）有专职司机驾驶时。

后排右座为尊：在多人乘车时，后排右侧座位通常被视为最尊贵的座位，适合安排给客人、长辈或领导。

后排左座次之：后排左侧座位次之，但同样属于较为尊贵的座位。

副驾驶座与后排中座：副驾驶座和后排中间座位在尊贵程度上相对较低，通常可以安排给陪同人员或下属。

（2）主人亲自驾驶时。

副驾驶座为尊：当主人亲自驾驶时，副驾驶座成为最尊贵的座位，因为副驾驶座与主人距离最近，便于交流与互动。

后排座位：后排座位同样可以按照右高左低的原则进行安排，但尊贵程度通常低于副驾驶座。

（3）特殊情况下的座位安排。

陪同领导乘车：当陪同领导乘车时，应请领导坐在后排右座，以示尊重。

夫妇乘车：如果主人夫妇驾车，则主人夫妇应坐前座，客人夫妇坐后座。

一人乘车：如果乘车人只有一人，且主人亲自驾车，则乘车人应坐在副驾驶座，以示陪伴。

2. 乘车过程中的行为举止

（1）保持安静。

在乘车过程中，应尽量保持安静，不要大声喧哗或打闹，以免影响司机驾驶或打扰其他乘客。

（2）尊重司机。

与司机交谈时，应保持礼貌和尊重，不要使用粗鲁或冒犯性的语言。

（3）管理随身物品。

乘车时，应妥善管理自己的随身物品，避免弄脏车辆或发出噪声。

（4）遵守交通规则。

乘车过程中，应遵守交通规则，不要要求司机超速、闯红灯或违章停车等。

乘坐轿车的礼仪涉及座位选择与就座顺序、乘车过程中的行为举止等多个方面。遵循这些礼仪不仅有助于提升个人的文明素质和社会形象，还能为司机和其他乘客创造一个良好的乘车环境。

（二）乘坐公共汽车礼仪

（1）候车要排队，不要插队。不要车门一开就冲上去抢座位，用皮包等物件为同行的人抢座是极不文明的。上下车时，要礼让其他乘客，排队依次而行。挤不上公共汽车时，不要硬挤，这样既危险，又耽误其他乘客的时间。

（2）寻找座位时，如打算坐在他人身旁，应当先问一下对方：“这里有没有人？”或是：“可以坐在这里吗？”在放置私人物品时，如果需要挪动他人之物，要首先征得对方的同意。

（3）上车后要拉好扶手站稳，不要靠在别人身上；应把座位让给老、弱、病、残、孕及抱孩子的人坐；倘若有人让座给自己，无论是否认识，均须立即向对方致谢。

（4）上车以后应当主动刷卡或投币；其他乘客帮自己刷卡后，要表示感谢；向售票员及其他乘客问路后，也要表示感谢。

（5）注意在乘坐公共汽车时不要大声讲话，以免影响其他乘客。与熟人在车上旁若无人地高谈阔论也是不礼貌的。

（6）携带鱼、肉等生腥食物上车时，要包装好并妥善保管，避免弄脏他人的衣物。

（7）咳嗽、打喷嚏时，要用纸巾捂住口鼻；不在车上吃东西，不乱扔垃圾，不随地吐痰。

（8）下雨天乘车时，雨伞尖要向下，并且妥善安放雨伞，防止戳伤别人或弄湿别人的衣服；雨衣则要脱下，湿的一面向里裹起。

（9）若车上过于拥挤，乘客之间应该互相体谅，万一碰撞、踩到了别人，要立即向对方道歉。

（10）对待车上的服务人员，既要尊重，又不宜要求过高。

（三）乘机礼仪

在乘坐飞机时，要认真遵守乘机礼仪。

1. 不得违规携带有碍飞行安全的物品

通常，任何乘客均不得携带枪支、弹药、刀具以及其他武器，不得携带一切易燃易爆、剧毒、放射性物质等危险品。

2. 认真配合例行的安全检查

在进行安全检查时，每位乘客都要通过安检门，随身携带的行李则需要通过安检机。如有必要，对乘客或行李使用探测仪进行检查时，乘客应配合，不应当拒绝合作或无端指责。

3. 遵守有关乘机安全的各项规定

在飞机飞行期间，一定要熟知并遵守各项有关乘机安全的规定。当飞机起飞或降落时，一定要自觉地系好安全带，并且收好面前的小桌板，同时将座椅调直。当飞机受到高空气流的影响而发生颠簸、抖动时，要将安全带系好，切勿自行站立、走动。

4. 对安全设备有一定程度的了解

在飞机起飞前，所有的客机均会由客舱乘务员或通过播放电视录像片，向全体乘客介绍氧气面罩、救生衣的位置及其正确的使用方法，以及机上紧急出口所在的位置和疏散、撤离飞机的办法。在每位乘客面前的物品袋内，通常还会专门备有有关上述内容的图示。对此，一定要认真倾听、认真阅读，并且牢记在心，切勿乱摸、乱动飞机上的安全用品。偷拿安全用品或私开安全门，不仅要负法律责任，而且还有可能危及自己和飞机上其他乘客的生命安全。上下飞机时，要注意依次而行。在飞机上放置自己随身携带的行李时，要与其他乘客互谅互让。在自己的座位上就座后，要遵守公德，不要当众脱衣、脱鞋，尤其不要把腿、脚乱伸放。自己休息时，不要使身体触及他人，或是将座椅调得过低而妨碍他人。与他人交谈时，声音切勿过高。不要在飞机上吸烟，或者乱吐东西。呕吐时，务必使用专用的清洁袋。对待客舱服务员和机场工作人员，要表示理解与尊重，不要蓄意滋事，或向其提出过高要求。跟身边的乘客可以打招呼，或是稍作交谈，但不应影响对方的休息。不要盯视、窥视素不相识的乘客，也不要谈论令人不安的劫机、撞机、坠机事件。

（四）乘坐其他交通工具礼仪

乘坐地铁、渡轮、出租汽车等交通工具时，也要讲文明礼貌。乘地铁时，尤其不能吊住车门或用手掰、用脚踢车门，因为地铁的开、关门不是由人工控制的，而且地铁的运行速度较快，一旦发生故障，前一辆地铁无法运行，可能和后一辆地铁相撞，造成全线停止运行的问题。乘渡轮时，谨防在码头拥挤。乘出租汽车时，乘客不要强迫司机闯红灯，违反交通规则；两个乘客同时拦下一辆出租车时，要懂得谦让。

礼仪链接

旅游礼仪

旅游是一项文明而健康的活动，也是我国公民的一项日常活动。但是，在我们欣赏名山大川、文化古迹的同时，不要忘记，应做一个文明的旅游者。

首先，要爱护旅游地区的公共财物。大到公共建筑设备、名胜古迹，小至花草树木，都要珍惜爱护。旅游地区的公共财物是我国广大劳动人民智慧的结晶，特别是名胜古迹，更是我国古老文明的标志，是中华民族的骄傲，每一个中国人都要珍惜这些“无价之宝”。在旅游中，要十分注意爱护亭廊等建筑物的结构装饰，不要以脚蹬墙把鞋印留在墙上；不要在柱、墙、碑等建筑物上刻画破坏；不要折树枝，摘花朵；不要用棍棒挑逗或用东西向动物投掷。

其次，一个文明的旅游者，要注意保持旅游地区的安静和环境卫生。进入旅游风景区不要大声喧哗，不要随地大小便，不要随意把果皮纸屑、杂物抛入水池中。如果是自己携带和产生的垃圾，应收拾好并扔入垃圾箱或带出景区等。郊游或野炊活动时，注意不要在林间草地随意生火，破坏植被，更不要将美丽的大自然弄得一片狼藉，游玩后要收拾现场，恢复原貌。

最后，一个文明的旅游者，在旅游中要关心他人，注意礼让。例如，在景色优美的地方拍照，要互相谦让，不要与人争抢先后，拍照时，若有人走近而妨碍镜头，应有礼貌地提醒，不可大声叫嚷、斥责和推拉，拍毕还应向人道谢。如果自己通过有人拍照的地区，应注意不要破坏别人拍照的画面，要稍等一会儿。遇到拥挤，不要争抢，要按顺序排队。不要躺在公园长椅上睡觉，也不要坐在椅子靠背上，脚踩在凳面上。见到老、弱、病、残、孕和抱小孩者需要就座时，应主动让座；请人让座，应征得别人同意后方可入座，并表示谢意。

旅游中如遇划船，要小心用桨，不要将水溅到其他船上及他人身上，两船过桥洞或行进在狭窄水面时不要争先抢行，以避免碰撞。

礼行体验

训练内容

学生每 4 人一组，分角色扮演演员、主持人和观众，模拟举办一次艺术表演活动，练习并掌握演出现场的观看礼仪，最后由教师点评。

训练要求

（1）以小组为单位，自主创设演出情景。

（2）小组成员变换角色，反复练习，并相互纠正，直至各成员均掌握艺术表演的观看礼仪规范。

训练评估

教师可以根据表 5－1 的内容对各组成员的训练情况进行评价。

表 5－1 训练情况评价表

评价内容		分值	自评分	教师评分	综合评分
做好准备	事先了解节目顺序和演出内容，针对所要观看的艺术表演收集相关信息，了解相关的观看方法，积累一定的审美知识	10			
有序入场	提前、有序入场，主动出示票证，对号入座	10			
	迟到时能礼貌应对	10			
文明观看	保持现场安静，不在演出现场接打电话；观看表演时坐姿端正，不左右晃动	20			
	在演出过程中不随意退场，不喝倒彩、吹口哨、起哄或做出其他有辱人格的举动	20			
	自觉遵守场内规则，保护场地卫生，不吃零食，不随地吐痰	10			
礼貌互动	适时鼓掌，参与演出现场的互动活动时，遵守有序、有礼、有节的原则	10			
有序退场	无特殊情况不提前离场；演出结束后有序退场，并主动将杂物、垃圾带出场外	10			

学以致用

1. 同学们去你家为你庆祝生日，你应该怎样为你的家人和同学做介绍？
2. 你会在什么情况下鞠躬？
3. 观看乒乓球比赛时，你会怎么做？
4. 乘坐飞机时，如果遇到有人高声讲话，影响周围人休息，你会怎么做？
5. 如何准备宴会？
6. 如何进行宴会的桌次、座次安排？

单元六

职场礼仪

学习目标

知识目标

掌握求职、会议、仪式及同事之间的礼仪要领。

能力目标

提升自我管理能力，培养良好的工作习惯和职业素养。

素养目标

提高自我修养、塑造良好形象、增强人际交往能力，从而在激烈的职场竞争中脱颖而出。

单元导读

战国时，秦国军队包围了赵国都城邯郸。赵王派平原君去说服楚王与赵国结盟出兵，解救赵国。平原君打算从手下三千多门客中挑选二十人做随从，但挑来挑去只有十九人符合要求，正在着急时，有个名叫毛遂的门客自我推荐说："让我去吧！"平原君笑笑："有本事的人，随便到哪里，都好像锥子放在布袋中，一定会露出尖锋来。可你来了三年，没人说起你的大名，可见你没有什么才能啊。"毛遂说："如果我被放在布袋里，早就会脱颖而出，何止露一点尖锋呢！"平原君见他说得有理，便带上毛遂等二十人来到了楚国。

平原君请楚王结盟出兵，从早晨谈到中午也没有结果。十九个门客十分着急，但都没有主意。

毛遂按剑上前说："订盟的事，非利即害，非害即利，无非利害二字而已，这样明白为何现在还不决定？"楚王大怒，斥道："我与你主人说话，你来干什么？还不与我退下！"

哪知毛遂不但没有退下，反而又上前几步说："现在大王的性命掌握在我手上，你的十万兵马都没有用了！"楚王自知理亏，又怕毛遂真的动武，一时无言以对。毛遂继续进逼说：“其实，楚国有五千里辽阔的土地，几十万雄师，这么强大的国家，为什么要害怕秦国呢？大王不同意楚赵联盟，难道要等秦国击破各国，坐以待毙吗？”楚王听了连连点头，答应与赵国订盟，出兵解赵国之围。

毛遂是一个有真本事的人，但关键时刻还是通过自荐的方式为国家做出了贡献，而在当前这个竞争激烈的时代，我们又该如何在面试中脱颖而出呢？其中，求职礼仪就是你必不可少的储备。

如今，求职竞争日趋激烈，用人单位的门槛亦不断提高，对求职者提出了更高的要求。如何成功地叩开用人单位的大门，找到一份称心如意的工作，成为每位求职者迫切关心的现实问题。求职者除了要具备良好的专业素养外，还要掌握一些必要的求职面试礼仪，有时，这些礼仪会起到举足轻重的作用。

第一课　求职礼仪

求职者在求职过程中，在语言、仪态、行为、举止、穿着打扮、心理素质、情感态度等各方面的表现，是体现其内在素质的窗口，也将影响求职的最终结果。

一、面试前的准备

（一）了解自己的选择，尊重自己的选择

1. 应做到

（1）对自己应聘的单位需要什么样的人才、什么样素质的劳动者具有一定的了解，做到心中有数，有备而往。

（2）有的放矢，即全面了解自己——自己有什么条件、优势，是否可以胜任这项工作。

（3）有主见、有原则，不能因为他人的好恶或急于得到某个职位而改变自己做人、行事的准则。求职者应记住“人必其自爱也，而后人爱诸；人必其自敬也，而后人敬诸”的道理，不能卑躬屈膝、刻意逢迎，也不能贪图虚荣、刚愎自用，在任何时候都记得做一个堂堂正正的人。

（4）增强自信心，应对自己的学识、特长、能力有一个清楚的认识，相信自己可以战胜目前的困难，最终获得成功。应该注意的是，增强自信并不是盲目自信，更不是不正视挫折，这是非常有害的心理。

2. 应避免

（1）负担心理，就是把面试看得过重，心理负担过大，总是患得患失。

（2）自卑心理，就是对自己的能力评价过低，不能正视与他人之间的差距，认为自己处处不如他人，如果这样，会影响自己正常水平的发挥。

（3）自大心理，即认为自己的条件、水平比其他应试者有明显优势，过于自信，这样一旦有挫折，不容易正确看待和接受。

（4）太强的表现欲和过分害怕在别人面前出丑的心理，这不利于在面试时发挥最佳水平，要学会放松，也要能正视挫折，并把它看作宝贵的人生经验。

（5）从众心理，即在择业问题上“跟着别人走”，在舆论或群体的影响下，放弃自己的意见，这样不利于根据自己的实际情况捕捉到适合自己的就业岗位。

（6）依赖心理，即在求职、面试过程中，依赖学校、老师和家长，一旦脱离了他人的帮助，就会因缺乏自主竞争精神而错失良机。

（二）个人简历（履历表）、求职信的书写礼仪

简历是一个人向用人单位说明自己经历或有关部门向上级、公众介绍一个人的经

历时所用的一种实用文体。

求职信，也称自荐信，实际上就是自我介绍信，带有明显的自我推销色彩，其目的在于激发用人单位对自己的兴趣，从而录用自己。

1. 个人简历的内容

求职时，个人简历的内容包括以下五个方面：

（1）个人基本情况。个人基本情况包括姓名、性别、地址、联系电话、年龄、民族、政治面貌等方面的内容。

（2）受教育程度。需要简要叙述参加过的中等学历以上的教育和训练项目，按时间顺序依次列出就读学校的名称，在学校时期的主修科目，获得的文凭、学位或学分，取得的学术成就等。一般还应介绍求职者曾经获得的特别奖励或荣誉。

（3）工作简历和实习（实践）经历。已经参加工作的人应介绍以往的工作情况。对于刚毕业的学生，除介绍所获得的文凭、证书外，还应将学习期间参加的社会实践活动、专业实习活动和其他社会活动向用人单位做简单介绍，以供用人单位参考。

（4）其他特长和技能。这里包括求职者获得的各种技能等级证书（如计算机应用、会计等）、外语水平（如 BEC）、体育特长、音乐特长等，要写出最高成绩。

（5）可以提供证明人，以提高简历的可信程度。如果让某人做证明人，事先应征得其同意，注意提供证明人的姓名、职务、联系电话等内容。

个人简历示例如下。

个人简历

<table>
<tr><td>姓名</td><td>李×</td><td>性别</td><td>女</td><td>年龄</td><td>18 岁</td><td>民族</td><td>汉族</td></tr>
<tr><td colspan="2">政治面貌</td><td colspan="2">共青团员</td><td colspan="2">电话</td><td colspan="2">××××××××</td></tr>
<tr><td colspan="2">住址</td><td colspan="2">北京市××路××号</td><td colspan="2">邮政编码</td><td colspan="2">××××××</td></tr>
<tr><td colspan="2">学习经历</td><td colspan="6">2022 年至今在北京市××学校公关礼仪专业学习</td></tr>
<tr><td colspan="2">择业目标</td><td colspan="6">从事办公室文秘工作或公关部工作</td></tr>
<tr><td colspan="2">英语听说能力</td><td colspan="6">2023 年 9 月参加全国英语等级考试（PETS），获 PETS2 合格证书</td></tr>
<tr><td colspan="2">计算机应用能力</td><td colspan="6">修完计算机一级课程，获得国家计算机等级考试一级等级证书</td></tr>
<tr><td colspan="2">工作能力</td><td colspan="6">具有较强的领导能力、业务工作能力、组织与协调能力和沟通能力</td></tr>
</table>

2. 求职信的内容

求职信的内容一般包括以下四个方面：

（1）应聘原因。

（2）求职者的个人介绍材料。其内容应包括姓名、性别、学历、年龄，以往工作单位、职务，社会工作经历，专长、爱好等。应突出对应聘有利的条件。

（3）求职的愿望和要求。

（4）联系地址及电话、个人电子邮箱等。

3. 个人简历、求职信的具体书写礼仪要求

（1）应做到以下几个方面：

第一，填写的内容应实事求是，措辞客观、准确；描述的情况要简洁、明确，重点突出，针对性要强，如求职愿望、自身条件等，同时要体现出应有的礼貌，以给用人单位留下深刻的印象。

职业学校的毕业生还可以写上在技能大赛中的获奖情况以及曾经在哪里参加过社会实践，以及专业实训情况、实训单位的评语，以便用人单位可以从多方位了解自己。在求职信中，应该注意突出自身条件与招聘单位要求相一致的地方。在介绍完自己的情况后，还要充分地表达出自己的求职热诚，提出对谋求该职位的愿望。

第二，篇幅一般在两页左右。

第三，如果是写给用人单位，要求写出用人单位的全称或规范的简称；如果是写给单位领导，则应该在姓名之后写上职务。

第四，文字书写要整洁、规范，最好使用打印机。如是手写，字应写得清晰而工整。

第五，个人简历中的内容应与求职信中的内容保持一致。

第六，应聘者的学历证书、获奖证书、专业技术等级证书等材料，可以作为附件，将其复印件附在简历的后面。

（2）应避免以下几个方面：说假话、空话；内容烦琐、冗长；文章中出现错字、别字，字迹潦草，自相矛盾，过多使用鉴定式评语；使用不规范的单位名称简写。

礼仪互动

1. 每个人拟一份个人简历，与同学们进行交流，并在教师指导下进行补充与完善。

2. 为自己拟写一封求职信。

二、面试时的礼仪

（一）参加面试时应带齐个人资料

除了个人简历、求职信，参加面试之前还应准备好身份证、一寸照片，以及学历证书和获奖证书或其复印件，学校、导师或领导的推荐信，招聘岗位或有关该工作机会信息来源的材料等。

以上这些材料要少而精，按一定顺序整理好，以供应聘时使用。

（二）参加面试时应注意个人形象

1. 应做到

（1）着装应稳重。无论穿什么样的衣服参加面试，都应本着整洁、挺括、大方、自然、和谐的原则。男士可以选择深色西装配白色衬衫，系颜色协调的领带，并穿着干净的皮鞋；女士可以选择套装与套裙、连衣裙等。此外，还可以考虑根据所面试的不同职业的不同要求，选择服装的样式。总之，无论选择什么样的服装，都应努力体现出自己内在的气质、修养。

（2）整理好发型。发型要显示出健康、向上的气息。

（3）保持身体清洁。必须修剪指甲，女生可适当地使用淡香水，化淡妆。

（4）注意克服小动作、口头禅以及其他不好的习惯，一举一动应符合礼仪规范。

2. 应避免

穿有污迹的、有明显褶痕的或样式古怪的衣服去面试，穿低领、紧身、过于暴露的衣服去面试；女士涂抹颜色鲜艳的指甲油；发型过于新奇、有个性，或遮挡住面颊；化浓妆，佩戴过多的饰物。

（三）参加面试时应注意遵守时间

1. 应做到

严格遵守面试时间，不能让接见你的人等候。求职者应比预定时间提前至少 10 分钟抵达面试地点。这样，不仅可以从容地填写申请表，也可以稳定情绪，思考一下面试官可能提出的问题及回答的内容。此外，要耐心等待面试官的指示。如果不是统一面试，而是单独约见，更应准时抵达。

进屋前应先敲门，得到允许后再进入室内。注意，应坐在面试官指定的座位上，如果面试官并未指明，则应坐在他的对面。

2. 应避免

不按事先的约定无故迟到、爽约；未经面试官允许，随意放自己的外衣、皮包等物品。

（四）说好第一句话

应注意使用礼貌用语，并做好自我介绍，可以这样说：“您好，我叫××，我是××学校×××专业的学生。”

（五）在面试过程中，注意举止得体

1. 应做到

站有站相，坐有坐相；动作要稳重；注意微笑，动作、表情要自然，如果非常紧张，不妨坦率地向面试官承认自己紧张，这样做是为了求得理解；认真、仔细倾听面试官的问题，回答问题时要坚定、充满自信，强调自己的能力、愿望，回答问题要在围绕主题的同时尽量详细；要按照面试官提出的话题进行交谈，可以适当使用描述性手势对自己的回答加以说明，注意使用普通话。

2. 应避免

过于紧张；嚼口香糖；同面试官耍小聪明、耍贫嘴；浪费时间去谈一些未被问及

的情况，或加入过多无意义的口头语，如“这个……”“那个……”“啊”“呃”等；说话太快，声音太高或太低；动作太多，让人感觉手舞足蹈。这些都是失礼或不妥的表现。

（六）对面试官要尊重，有礼貌

1. 应做到

自始至终让人觉得自己是充满活力的。如果此次面试失败而且面试官当场告知结果，也应表现得从容、有理智，有不怕挫折的勇气和坚忍不拔的决心。如果得到了肯定的答复，这是很值得高兴的事，要表示感谢，并表达出自己对从事这份工作的信心。

不论面试结果如何，当面试官以起身与求职者握手表示感谢，或用“同你谈话我感到很愉快”“感谢你前来面谈”等辞令来结束谈话时，求职者应该知道，面谈结束了。这时，要及时起身，放好座椅，呈立正姿势，向面试官行礼并说“谢谢”，然后从容地离开考场（关门要轻）。除了面试官，对其他工作人员也应表示谢意。

2. 应避免

精神萎靡不振；情绪过分外露，喜怒形于色。

礼仪链接

面试时经常被问到的问题

（1）你可以介绍下自己吗？

（2）你是否了解用人单位？

（3）你学过什么课程？

（4）你是否喜欢自己的学校？

（5）你有什么特长？

（6）你有什么优点？

（7）你是否打算继续学习？

（8）你还有什么疑问？（暗示面试即将结束）

三、面试后的礼仪

参加面试之后，求职者可以在两三天内向用人单位发出感谢函，或者向有关部门打电话问询。即使在面试时被告知“我们会与你联系的”也没有关系，因为这样做既表示了自己对对方提供面试机会的感谢，又使用人单位对自己“希望获得聘用”的愿望有更深的印象，以提醒用人单位及时做出决定。

如果发致谢函，篇幅一般不超过一页，关键是表明态度，电话问询的方法也是一样。致谢函示例如下。

致 谢 函

尊敬的领导：

您好！我是×月×日下午到贵公司应聘销售助理的刘×。非常感谢您给了我这次面试的机会，很高兴认识您，和您谈话是一次愉快且收获甚多的经历。

通过这次谈话，我更加深刻地认识了贵公司，尤其是贵公司的企业文化，我感受到这是一家有社会责任感的公司。在面谈中，您对公司的真挚情感溢于言表，您深入细致的洞察力、亲和力和您的谈吐，都令我敬佩。

若能够进入贵公司，得到您的指点，共同为实现企业目标而努力，将是我职业生涯中的一件幸事。真诚希望能为公司的发展贡献一分力量！

此致

敬礼！

刘×

2025年×月×日

如果在面试之后两三个星期内未得到用人单位的回复，求职者可以写信或打电话给联系人，表示自己仍有兴趣去该单位工作。如果仍未得到答复，就不宜再三询问了。

礼仪互动

假设你已完成面试，尚不知面试结果。以小组为单位，根据所学知识，拟一封感谢信或致电表示感谢。小组之间进行交流。

四、走上工作岗位之后

在我们的工作环境里，建立良好的人际关系，得到大家的尊重，无疑对自己的工作和发展有着极大的帮助，而且有一个愉快的工作氛围，可以使自己忘记工作的单调和疲倦，也使自己对生活有一个积极的心态。走上工作岗位后，对待你的工作，应做到以下几个方面：

（1）熟悉组织内部的组织结构。如组织中有哪些部门，各个部门的职能、运作方式，自己所在部门在组织中的功能和地位，所在部门内同事的头衔和级别，企业的晋升机制等。

（2）端正态度，积极学习。对职场新人来说，认识到有足够的知识可以学习是最宝贵的。工作技能、组织规章制度、组织管理、上岗培训的知识积累，以及对职场礼仪的学习，都是职场生存的重要基础。

（3）调整心态，认识自我。首先应该客观剖析自身的优缺点，向同事和前辈学习，聆听他们的见解，从他们的成败得失里寻找可以借鉴的地方。这样不仅可以帮助我们少走弯路，更会让他们感受到尊重。

（4）让乐观和幽默使自己变得可爱。如果从事的是单调乏味或是较为艰苦的工作，要保持乐观的心态，让自己变得幽默起来。因为乐观和幽默可以消除彼此之间的隔阂，更能营造一种亲近的人际氛围，并且有助于自己和他人的关系变得轻松，消除工作中的劳累，这样一来，在大家的眼里，你的形象就会变得可爱，容易让人亲近。

应避免：经常抱怨工作、抱怨同事；过于计较自己的得失，进入单位没多久就总是争取种种的“好处”；因一时的困难而让自己灰心丧气，或者与其他同事在一起抱怨，时间长了，这些举动难免引起同事们的反感，无法得到大家的尊重，最后使自己变得孤立。

第二课　会议礼仪

一、组织会议的礼仪

在企业日常工作中，我们根据工作的实际需要会召开各种工作会议，用以沟通工作信息，讨论并制定决策等，如年初的工作计划会议、日常工作沟通会议（包括月例会、周例会等）、专项工作结束后的工作总结会，以及年度、季度或月度的工作总结会等。为提高会议效率，会议的组织者和参与者都要注意相关的礼仪细节。组织会议的目的是讨论工作和解决问题，会议组织工作要以效率为导向。一般而言，在实际操作中要注意以下细节。

（一）提前通知并确认

根据会议目的与主题确定召开会议的具体时间、地点等，并提前将会议的议题、议程通知参会者，以便提前做好准备。发通知后，应逐一与参会者确认，确保每个应到会的人都及时被通知到。会前 30 分钟最好能提醒一次参会者，对临时有急事不能参加会议的人员要事先了解清楚，并立即向会议组织部门领导反映，使会议负责人在会前能了解缺席情况。

（二）提前准备，精细准备

提前确定并布置好会场，给会场通风，清洁场地，准备好会议所需设备。一般主要包括电脑、投影仪、麦克风等设备，安排好座位，备好饮用水，印好会议资料，备好签到表等。

（三）会前签到

会前组织安排好签到工作，如果有外单位的代表参会，还要安排好迎宾、导引接待等工作。

（四）进程控制

会议主持要注意控制好会议进程，确保会议效率。

（五）做好记录，会后跟进

做好会议记录，以便会后参会者可以按照会议精神跟进工作。会议组织者要将会议上确定的各种任务一对一地根据会议精神落实到相关责任人，经当事人确认后，印发会议记录，定期跟踪各项任务的完成情况并向相关负责人汇报。

二、参加会议的礼仪

（一）提前准备

接到会议通知后，根据会议的议题提前做好相关资料、发言的准备；对于准备在会议上提出的观点、提供的数据等资料，都要一一核实，反复推敲。

（二）准时到会

根据会议的时间，应提前 5～10 分钟到场，做好参会准备；会议期间应关闭手机或将手机调成静音，避免打断会议进程。

（三）聆听与记录

认真聆听会议内容，抓住要点，做好记录，积极思考。

（四）以负责任的态度参与讨论

工作讨论中适时发言，观点鲜明，条理清晰，发言简明扼要；以开放的心态与其他与会者交流，相互启发，相互补充，相互借鉴。

（五）避免不适当的与会举止

在会议中避免出现坐姿不端、左顾右盼、托腮失神、使用手机等行为，不做与会议无关的事情。

礼仪互动

模拟校园生活中组织会议及参加会议的情况。由一个小组进行情景模拟，每组四人，一位同学扮演会议的组织者，三位同学扮演会议的参与者。会议的组织者将组织一次班委会议，议题是“如何开展好班级自主管理工作”，会议时间、地点、议程等都由会议组织者策划安排。请演示会议组织及召开的过程。

第三课 仪式礼仪

一、签字仪式

国家（团体、组织）间通过谈判，就政治、军事、经济、科技文化等某一领域内的相互关系达成协议、缔结条约时，一般都会举行签字仪式。

（一）签字仪式的准备

安排签字仪式，首先应做好文本的准备工作，其次要确定签字仪式的参加人员，最后是布置好签字仪式的会场和准备好签字用具、国旗等物品。

（二）签字仪式的程序

参加仪式的人员进入签字厅后，签字人入座，其他人员应分主客双方，按身份顺序依次排列于各自签字人员座位之后。签字者的身份、职位应对等，一方过高或过低都会造成误会。双方的助签人员分别站立在各自签字人员的外侧，协助翻揭文本，指明签字处。签字人在本方保存的文本上签毕，由助签人员互相传递文本，再在对方保存的文本上签字，然后由双方签字人交换文本，互相握手。有时，在签字后会共同举杯庆贺，但要注意，碰杯要轻，浅抿一口即可。签字时不能大声喧哗，举止要文雅有风度。

二、剪彩仪式

（一）剪彩仪式的准备

剪彩仪式可以单独举行，也可以在开业庆典中进行，是整个庆典仪式的高潮。

（二）剪彩物品的准备

（1）一般使用 2 米左右的红带与彩球结成的红色缎带、绸带。

（2）选用新的金色剪刀。

（3）托盘、剪刀、彩球的数量应与剪彩人数一致。托盘用红绒布衬垫。

（三）剪彩人员的确定

剪彩人员主要在应邀的来宾中产生。一般为上级领导、部门主管、社会知名人士，以及专家顾问、合作伙伴和本单位代表等。

（四）礼仪小姐的选定

礼仪小姐可在公关、旅游及礼仪公司中聘请，或向社会招募，也可以在本单位女员工中挑选。一般标准是仪容较好，仪态端庄大方，有一定的文化素养和气质的年轻人。

（五）剪彩仪式的程序

开店庆典中的剪彩仪式，只是整个庆典中的一个组成部分。如果是单独举办剪彩仪式，一般应有以下程序：

（1）嘉宾入场。剪彩仪式开始前 5 分钟，嘉宾应在礼仪小姐的引领下入场。一般来说，嘉宾中的剪彩者应在前排就座，座位上应事先放好席卡。中央级的来宾只写

“首长”，其他人可直接写姓名。

（2）礼仪开始。由企业主要负责人宣布仪式开始，奏乐、鸣炮，然后介绍到场的嘉宾并对他们的到来表示感谢。

（3）宾主讲话。由主办单位代表、上级主管部门、合作单位代表以及社会知名人士先后发言，讲话内容应具介绍性、鼓励性、祝贺性，短小精致、言简意赅。

（4）进行剪彩。礼仪小姐在欢乐的乐曲声中登场，引领剪彩者按主办单位的安排站立在确定的位置，这时拉彩者拉起红绸及彩球。在剪彩者剪断红绸、彩球落盘时，全体人员热烈地鼓掌。

（5）后续活动。剪彩过程结束，主办单位可安排一些文艺、参观、联谊、座谈、签名、题词、就餐等后续活动，具体做法可因剪彩内容而定，最后可以向来宾赠送一些纪念性礼品，热情欢送他们离去。

剪彩仪式中，剪彩者和仪式上的礼仪小姐是最突出的人物，剪彩仪式的礼仪也是主要通过他们表现出来的。

（1）剪彩者。剪彩者是剪彩仪式的主角，由于他们的身份特殊，更易于被人们和媒体关注。他们在仪式上的举止行为要特别注意做到符合礼仪规范，主要表现有：第一，修饰自己的仪表着装；第二，注意剪彩中的举止行为；第三，尊重主办单位，协力配合仪式进程。

（2）礼仪小姐。剪彩仪式上通常都有礼仪小姐参加，她们承担着装点仪式、提供服务等重任，也体现着企业的形象和员工的素质，礼仪在她们身上显得尤其重要。

首先是仪容要高雅。剪彩仪式上的礼仪小姐，多数情况下统一身着的礼仪服装是旗袍，脚穿黑色高跟皮鞋，化淡妆，盘起头发，面带微笑，步履轻盈。争取一举一动、一颦一笑都能给人以美的享受，做到典雅大方，光彩照人。其次是举止行为要规范。在仪式进行中，礼仪小姐应训练有素。走有走姿，站有站姿，整齐有序，动作一致。尤其应注意要始终保持微笑。礼仪小姐在剪彩仪式中，应以规范的举止在服务中展示本单位的形象和风采，她们应当意识到，自己在礼仪上的粗心大意会给来宾带来不佳的印象，给企业带来损失。所以，礼仪小姐的工作需要很强的自控力和高度的责任心。

礼仪链接

剪彩仪式的地点

一般情况下，剪彩仪式选在即将启用的建筑、展览会、博览会的现场举行。具体地点为正门外的广场、正门内的大厅。

第四课　同事礼仪

同事交往的基本原则是平等与相互尊重。同事关系不同于家人和朋友，相处能否和谐、融洽，关系到工作是否轻松愉快。

一、同事相处法则

与同事建立友好、融洽的关系是在职场中顺利开展工作的基本前提之一。美国学者布吉尼教授曾经提出一个人际交往的 3A 原则，即接受（Accept）、重视（Appreciate）、赞美（Admire），这个原则可以让我们在职场中成为受欢迎的交谈对象。

（一）接受对方原则

（1）要严于律己，宽以待人，接受别人是最重要的。

（2）在人际交往中，最不受欢迎的人是比较刻薄的人。自以为是、嚣张放肆、目中无人的人是不会受欢迎的。

（3）接受的三个要点：一是接受交往对象，例如老师不能拒绝学生，商家不能拒绝顾客。二是接受交往对象的风俗习惯。习俗是长期的文化习惯，很难说谁对谁错。少见多怪的人不容人，见多识广的人宽容待人。三是接受交往对象的交际礼仪。在职场上，每个同事的生活习惯、教育背景、成长经历都是有差异的。我们要学会接受这些差异性，不管他来自哪里、在什么岗位、有多大能力，我们都应该没有芥蒂地接受他。也正是因此，我们不可能期待同事都变成自己喜欢的样子。

（二）重视对方原则

要让对方感觉自己受到重视，不要让其觉得受冷落。重视别人不是让人难堪尴尬，而是欣赏。例如，有些人专爱找缺点、挑毛病来满足自己的虚荣心，言下之意——看，这点我就比你强！搞得谈话不愉快，这是最不明智的做法。

此外，在同事关系上，我们要重视对方，交谈中要善于使用尊称，根据行政职务、技术职称来称呼。要记住对方，例如接过名片要留心查看，不能张冠李戴。如果对方说话尖酸刻薄、讥讽嘲弄，我们所要做的就是挖掘他语言和行为的正面意义，以积极正向的心态给予反馈。

（三）赞美对方原则

赞美如阳光，人人都需要。想象一下我们从小到大，学习、考试、工作、生活，哪一样不想赢得别人的赞美和夸奖？在我们的内心深处，都渴望着别人的认可和肯定，这是人的本性，是上进的内在动力。我们要以欣赏的态度肯定对方，要实事求是地赞美他人的长处。好同事也是被夸出来的。

赞美他人实际上是一种爱的传递，也可以说是换个角度赞美自己。这样不仅表明了我们虚心、宽容，善于向他人取长补短，而且投射出自己的内心充满了积极正向的能量，是一个爱自己也爱他人的人。但是赞美对方时要注意，赞美不是胡乱吹捧，一定实事求是，不能太夸张，要夸得具体，夸得有艺术。

二、职场中的同事关系

（一）平行关系协调

平行关系是工作中处于同一组织层次和部门同事之间的关系。同事关系是根本利益目标，都是为了工作有序地进行，所以同事之间要精诚团结，密切配合。

1. 互相尊重，平等相待

尊重同事的人格，尊重同事的意见，尊重同事的工作和劳动。互谅互让，不能随意散布有损他人人格的言论，做出有损他人形象的事情。为了更好地完成工作，对于自己分内的工作应该多与其他同事商讨、交流，积极主动地征询他们的意见，采纳他们的合理建议。

2. 相互信任，不耍权术

要为人正直，光明正大，做到言行一致、表里如一。与人交往，守信用才能取得信任。同事之间相交，失去了信任，就失去了一切。守信，是立身处世之本。同时，信任是建立在不乱猜疑的基础上的。切记不要向上级打小报告，在听到闲言碎语时，不要盲目相信，要认真分析，明辨是非，做到心术要正、眼睛要明、耳根要硬，不受错误信息的干扰，不被别有用心的人利用。

3. 互相合作，平等竞争

即使再聪明的人，一旦脱离了团队的合作与帮助，都会一事无成。只有归属群体，才能使自己的工作能力得到充分的发挥，价值得到更充分的体现，也才能创造出更突出的成绩。同事之间既是天然的“合作者”，又是潜在的“竞争者”。合作中包含着竞争，竞争中包含着合作。合作推动竞争，竞争又有助于更好地合作。只有为事业而共同奋斗，在学习、工作和为国家做贡献上开展竞争，为同事的进步成长提供条件和帮助，才能赢得同事的尊重。

（二）上行关系协调

与上级领导的关系称为对上关系或上行关系。

1. 尊重而不恭维

对上级领导首先应该尊重，这不仅是对领导者个人的尊敬，而且是顾全大局、支持工作的表现。特别是在正式的、严肃的工作场合，要讲究礼节，维护领导者的威信。但是，这种尊重不是恭维，不是畏首畏尾，更不能讨好。过分的恭维不仅得不到领导的好感，反而会降低自己的人格和威信。尊重领导最主要的表现就是支持和服从，在工作中要主动请示汇报，自觉接受上级的领导，树立领导的威信。应对批评时要理解领导的用意，克制并纾解自己的对抗情绪，不要直接反驳，认为有委屈和误解的时候应巧妙解释。

2. 服从而不盲从

如果认为领导有错，一般来说，为了顾全大局也要服从。但这种服从不是盲从，而是在服从的前提下，采取适当的方式向领导阐明问题的严重性或在实际行动上有所保留、修正和变通。对于那些违法乱纪或以权谋私的行为，不仅不能服从，还要坚决抵制和反对。

3. 到位而不越位

作为下级，在协调与上级领导的关系时，一定要明确自己的角色和地位，做到尽职尽责，到位而不越位。首先，直接向直属领导请示和汇报情况，不应越级请示汇报，也不应接受多头领导，在没有获得授权的情况下不能代替领导行使本属于他们的职权。其次，要有事业心、责任感，主动积极地做好工作，对工作进度和问题要定期汇报，以便让领导及时了解情况并给予必要的提示和支持。

（三）下行关系协调

在人际关系中存在着上级与下级的关系，对这些关系的协调称为对下关系协调或下行关系协调。

1. 对下级要尊重

职务有高低之分，但人格和尊严都是平等的，只有尊重下级，才能赢得下级的敬重和信任。平时尊重、爱护自己的下级，平等相待，要以“礼”服人，讲究批评和表扬的方法，不能以“权”压人，更不能不讲方法策略，随意责骂与挖苦。尊重下级的人格尊严，尽可能避免当众批评下级，且注意对事不对人，做到批评适可而止。体谅和关心下级，是职场领导者最容易赢得人心的方法。尊重下级的职权，用人不疑，疑人不用，在必要的时候给予适当的协助，对下级的表现与能力给予及时的肯定和鼓励。

2. 对“亲者”应保持距离

提拔人才应以有为者为先，而不能凭一己的喜恶。所以领导用人应着眼于所用之人能力大小，而不在于所用之人肯顺从己意，一定要唯才是举、任人唯贤、平等待人。为了确保能够选用适当的人选，领导应该与“亲者”保持适当的距离。保持适当的距离绝不是那种“逢人只说三分话，不可全抛一片心”的虚伪应酬。相反，应与下级打成一片，赤诚相见，要对绝大多数下级不分亲疏、一视同仁；对“亲者”违法乱纪的行为同样坚持原则，严肃批评，认真查处。只有坚持“只有公事以外才是朋友”的准则，才能正确处理好与下级的关系。

3. 对“疏者”当正确对待

人际关系中总存在着一些不愿接近上级领导或与上级领导持不同意见，甚至反对上级领导的“疏者”。那么，怎样才能处理好与“疏者”的关系呢？关键是要正确地对待“疏者”，要有胸怀和气度。只要不是恶意中伤，即使下级态度过激、措施严厉，也不应耿耿于怀。本着“亲者严，疏者宽”的精神，在分清大是大非的基础上求大同、存小异，允许“疏者”和自己有不一致的地方，并力图在实践中逐渐取得统一的认识，这样才能使上下级心情舒畅，消除隔阂，增进人际关系。

礼仪链接

同事交往的禁忌

1. 切忌拉小圈子，散播小道消息

办公室内切忌拉帮结派，形成小圈子，这样容易引发圈外人的对立情绪。更不应该在圈内圈外散布小道消息，充当消息灵通人士，这样永远不会得到他人的真心对待，只会唯恐避之不及。

2. 忌情绪不佳，牢骚满腹

工作时应该保持高昂的情绪状态，即使遇到挫折、饱受委屈、得不到领导的信任，也不要牢骚满腹、怨气冲天。这样做的结果只会适得其反，要么招同事嫌，要么被同事瞧不起。

3. 切忌趋炎附势，攀龙附凤

做人就要光明正大、诚实正派，不要人前人后有两张面孔。如果在领导面前极力表现自己，极尽阿谀奉承，而在同事或下属面前，推三阻四、爱搭不理，长此以往，则处境不妙。

4. 切忌逢人诉苦

有许多爱说话、性子直的人，喜欢向同事倾吐苦水，但办公室不是互诉心事的场所。把痛苦的经历当作一种谈资，一谈再谈不免会让人退避三舍。忘记过去的伤心事，把注意力放到充满希望的未来，做一个生活的强者，这时，我们会得到他人敬佩的目光。

5. 切忌故作姿态，举止怪异

办公室内不要给人“新新人类”的感觉，毕竟这是办公场合，无论是穿衣还是举止言谈，切忌太过前卫，这样会招致同事的议论。同时，也会被人认为是没有实际工作能力、行为怪异的人。

6. 忌谈话不掌握分寸

在办公室里，同事每天见面的时间最长，谈话可能涉及工作以外的各种事情，“讲错话”常常会带来麻烦。同事与同事间的谈话，如何掌握分寸很重要。虽然直来直去的交谈很坦率，能使双方更亲近，但是有时过于直接会伤到对方。

礼行体验

训练内容

学生每 5 人一组，练习并掌握面试前和面试中的相关礼仪，最后由教师点评。

训练要求

（1）以小组为单位，自主创设面试的情景，并扮演求职者和面试官的角色。

（2）准备自设情景所需的相关道具并摆放到位。

（3）各小组进行关于面试过程的礼仪训练，小组成员相互纠正，直至各成员均掌握面试礼仪规范。

训练评估

教师可以根据表 6-1 的内容对各组成员的训练情况进行评价。

表 6-1　训练情况评价表

评价内容		分值	自评分	教师评分	综合评分
提前到达	遵守时间，提前 10～15 分钟到达面试地点	10			
礼貌等候	到达招聘单位后，向工作人员说明来意，并到指定区域等候	10			
敲门进入	进入面试房间前先敲门，待面试官说“请进”后才进入；见到面试官后向其行点头礼或鞠躬礼，并向其问好，然后轻轻地将房门关上	15			
仪态端庄	面试时坐姿端正，自然地注视面试官，且目光集中在对方眼睛与鼻子之间的三角区	20			
谈吐文雅	与面试官交谈时语言简洁、吐字清楚、条理清晰、逻辑性强	20			
注意聆听	仔细聆听面试官的讲话并适时回应，不打断面试官的话	15			
适时告辞	适时而礼貌地结束谈话，起身站好并与面试官握手，以表示感谢	10			

学以致用

1. 了解你所学专业的对口实习或就业单位对于从业者的用工标准或要求。
2. 组织会议和参加会议应分别注意哪些礼仪细节？
3. 同事之间相处的原则是什么？

4. 按以下顺序给自己制定一份求职面试的礼仪方案。

见面前的准备

↓

面试后 10 分钟（产生第一印象）

↓

面试交谈

↓

结束面试

单元七

涉外礼仪

学习目标

知识目标

了解涉外礼仪通则，掌握涉外礼仪规范，熟悉部分国家礼仪。

能力目标

了解不同国家和地区的职场文化，培养跨文化交流能力。

素养目标

了解不同国家和地区的礼仪规范，增强跨文化沟通能力，为未来的国际交流与合作奠定基础。

单元导读

人与人之间的相互交往要讲究礼节、礼貌并遵守一定的礼仪规范，这样才能使社会生活更加和谐、有序。国际交往更应如此，一个人对外交往的言谈举止不仅代表着个人，更代表着国家的形象。随着我国对外交往的日益频繁，个人同外国人的交往活动越来越多。在进行国际交往活动时，我们应当懂得并重视一些国际通用的礼仪知识。

第一课 涉外礼仪通则

涉外礼仪在对外交往过程中有着举足轻重的作用。首先，它可以增进我们与世界各国、各地区人们之间的感情，有利于发展同世界各国、各地区人们的友谊。其次，在涉外交往中遵守国际礼仪规范和一定的礼节，有利于我国对外开放，也有利于展现我国礼仪之邦的风范。

一、热情有度

同外国人进行交际应酬时，对待对方既要表现得热情友好，又要把握好分寸。若自己的热情友好超出了对方所能接受的限度，就会令对方感到不快，甚至给对方增添麻烦，是失礼或不妥的表现。

礼仪链接

2015 年 3 月 24 日—26 日，国际奥委会评估团到达 2022 年冬奥会申办城市张家口的崇礼进行评估工作考察，刘慧、张雪两名同学作为电梯引领员对国际奥委会 18 名成员进行服务。当客人进电梯时，她们用流利的英文询问客人所要到达的楼层；到达客人所要到达的楼层时，她们用标准的手势、贴心的笑容为客人指示、服务，评估团成员纷纷向她们表示感谢。

二、尊重隐私

在国际交往中，要尊重每一位交往对象的个人隐私，尊重个人隐私已经成为一个人在待人接物方面有教养的基本标志。在交往中，应避免询问个人秘密或打探其不愿公开的私人事宜，归纳为下述八个方面，即“八不问”。

（一）不问收入与支出

收入与支出问题实际上与个人能力相关，交谈时一旦涉及此方面，会让人觉得尴尬。

（二）不问年龄

在国际社会里，人们普遍将年龄视为个人隐私，探听别人隐私是不礼貌的行为。

（三）不问恋爱婚姻

在国外，谈论婚恋问题不仅被视为无聊，还有可能被认为故意令人难堪。

（四）不问身体状况

每个人的身体状况均为其立足社会的重要“资本”，所以轻易不会将其实情告知他人。

（五）不问家庭住址

家庭被外国人看作是私人领地，通常不会向陌生人公开家庭住址，住宅电话号码也通常不会对外公开。

（六）不问个人经历

向外国人询问个人经历，往往会被看作居心不良或缺少教养。

（七）不问信仰、政见

在国际社会里，国与国之间、人与人之间都提倡“超意识形态合作”，所以对交往对象的宗教信仰、政见不应冒昧打探。

（八）不问所忙何事

“所忙何事”在外国人心中绝对属于个人自由，向其询问肯定会被视为探听隐私。

三、信守约定

在现代社会，信誉无比重要。从某种意义上讲，信誉就是生命，信誉就是形象，信誉就是社会关系，信誉就是工作效率。

人际交往中应做到“言必信，行必果”。人们在社会交往中必须信守自己的承诺，说话必须算数，许诺必须兑现。在一切与时间有关的约定中，必须一丝不苟。唯其如此，方能取信于人。

（一）守信

所谓守信，一般是指许下的诺言或者答应别人的要求后应予以照办。信守承诺，简而言之，就是在人际交往中说话一定要算数，许诺一定要兑现。在社会交往中，倘若言而无信，不仅有可能失去朋友，而且还有可能在工作上一事无成。

1. 重视承诺

在人际交往中，特别是在国际交往中，一个人是否信守承诺，关系到个人信誉的好坏。一个人如果信守承诺、言而有信，就等于以实际行动证明自己言行一致，这是对交往对象的尊重，也是对自己的尊重。

2. 慎于承诺

承诺在人际交往中尤其是在国际社会交往中事关个人乃至国家信誉，不论是在实际工作中还是在日常生活中，都必须极其慎重地对待承诺。与工作中与人打交道，在需要许诺于对方时要三思而后行。不管是答应对方所提出的要求，还是自己主动向对方提出建议，或者是自己诚心诚意地向对方许诺，都一定要经过深思熟虑、反复斟酌。

（二）守时

守时是信守承诺的具体体现，一个不懂得守时的人，在人际交往中是难以遵守其个人承诺的。目前，守时在社会交往中已成为衡量、评价个人文明程度的重要标准之一。

守时既要求在具体的交往时间上有约在先，也要求按照既定的时间如约而至，如约而至往往比有约在先更加重要。

1. 有约在先

有约在先不仅适用于正式交往，也适用于非正式交往。在人际交往中，未邀而至是不尊重交往对象的表现。应提前约定交往的具体时间，要考虑交往对象的习惯和方便与否，尽量不要占用对方的休息时间或工作比较忙碌的时间。

2. 如约而至

参加正式会议、会见或其他类型的社交聚会时，一定要养成准时抵达现场的良好习惯。在这类活动中，姗姗来迟和提前到场都会显得不合时宜，前者会令其他人士等待，后者则会使主办方措手不及。

四、遵守礼宾次序

礼宾次序就是依照国际惯例对参加国际交往的国家、团体和个人的位次所排列的次序。一般来说，礼宾次序体现东道主对各国宾客所给予的礼遇，在一些国际性的会议上则表示各国主权平等的地位。

按照国际惯例，常用的排列方式有以下三种：

（1）按照身份排列——按照外宾的身份与职务的高低顺序排列。

（2）按照国名字母排列——按照参加国国名的字母顺序排列。

（3）按照通知日期排列——按照通知代表团的日期先后顺序排列。

五、以右为尊

在正式的国际交往中，将多人进行并排排列时，国际惯例是右高左低，即以右为上、以左为下，以右为尊、以左为卑。

大到政治磋商、商务往来、文化交流，小到私人交往、社交应酬，但凡有必要确定并排列具体位置的主次尊卑时，以右为尊都是普遍适用的。

第二课 涉外礼仪规范

在进行涉外交往时，每一个人都代表着自己的国家及民族。常言道：“涉外无小事。”在对外交往中要重细节、讲规矩，具体交往礼仪规范体现在衣、食、语言等几个方面。

一、涉外交往中的服装礼仪规范

（一）涉外人员的服装选择

1. 公务场合

在公务场合，涉外人员的着装应当重点突出庄重的风格，不宜强调个性，不应过于时髦或过于随便，应当既端庄大方又严守传统。

目前我国涉外人员在公务场合的着装，最为标准的是深色毛料套装、套裙或制服。具体而言，男士的最佳衣着是藏蓝色或灰色的西装套装，内穿白色衬衫，脚穿深色袜子、黑色皮鞋。穿西装套装时务必系领带。女士的最佳衣着是单一色彩的西服套裙，内穿白色衬衫，脚穿肉色长筒丝袜和黑色高跟皮鞋。女士尽量不要选择以长裤为下装的套装。

2. 社交场合

社交场合通常是指在公共场所与外方人士进行交际应酬活动的场合，如观看演出、出席宴会、登门拜访、参与聚会等。在社交场合，涉外人员的着装应当重点突出时尚个性，既不必过于保守从众，也不宜邋遢。

礼仪链接

很多国家在非常正式的社交场合都要求穿礼服，并且对礼服有特别的规定。因此，非常正式的社交活动发出的请柬上都会注明着装要求。

3. 休闲场合

休闲场合是指涉外人员在公务活动之外用于个人休息以及在公共场所与不相识者共处的场合，如居家休息、健身运动、游览观光、商场购物等。此种场合的着装常见的有牛仔装、运动装、夹克衫、T 恤衫等。没有必要过于正式，尤其应当注意，不要穿套装或套裙，也不宜穿制服。

（二）涉外人员应使自己的衣着得法

1. 了解并遵守着装的正确方法

穿西装时需注意以下几点：

（1）在穿西装前，务必将上衣左袖袖口的商标拆除。

（2）一般情况下，坐着的时候，可将西装上衣衣扣解开；站起来后，需要面对其他人时，则应当将西装上衣的衣扣系上。

（3）穿西装时，最好不要内穿毛衫。非穿不可时，则只允许穿一件单色偏薄的“V”字领羊毛衫。不要在西装里面穿开领的、花哨的羊毛衫。

穿长袖衬衫时，需注意：在正式场合，下摆一定要束在裤腰或裙腰内，袖管不可以挽起来，袖扣一定要系上。不穿西装上衣或穿西装上衣而未打领带时，领扣通常可以不系。

2. 了解并遵守着装的搭配技巧

男士在正式场合的着装必须遵循“三色原则”。所谓“三色原则”，是指全身上下的衣着颜色应当保持在三种之内。有品位的男士还要注意“三一定律”，即男士在正式场合露面时，应使自己的公文包、鞋子、腰带色彩相同。

女士在正式场合的着装，不应该使自己的袜口暴露在外。穿裙装的女士，最好穿连裤袜或长筒袜。

二、涉外交往中的餐饮礼仪规范

（一）以东道主身份设宴款待外国人时须注意的问题

1. 确定宴请菜单

按一般规律，适宜宴请外国友人的菜肴基本分以下四类：

（1）具有民族特色的菜肴。例如，春卷、元宵、水饺、扬州炒饭、麻婆豆腐、北京烤鸭、酸辣汤等。具有中华民族特色的菜肴往往受外国友人的欢迎。

（2）具有本地风味的菜肴。各地的菜肴风味不同，西安的“羊肉泡馍”、张家口的“口蘑”“莜面”“官厅鲤鱼”都极具地方特色。

（3）自己拿手的菜肴。餐馆有餐馆的特色菜，各家有各家的看家菜。若邀请外国友人赴家宴，可为其准备自己拿手的菜肴。

（4）外国友人喜欢的菜肴。宴请外国友人，在以中国菜为主的同时也可以安排一些对方的家乡菜。

2. 排定宾主座次

我国在排列桌次时通常采用圆桌且各桌就餐者不宜超过十人。安排座次的规矩如下：

（1）居中为上，即各桌围绕在一起，居于正中央的那张餐桌是主桌。

（2）以右为上，以面对宴会厅正门为准，右侧的餐桌高于左侧的餐桌。

（3）以远为上，即各桌纵向排列时，以距离宴会厅正门的远近为准，距其越远，餐桌桌次越高。

（二）以来宾身份参加涉外宴请时需注意的主要问题

1. 宴请的类型

（1）宴会。它是一种最正式、最隆重的宴请，可在早、中、晚进行，并以晚宴档次最高。举办宴会时要提前发出请柬。宴会分为国宴、正式宴会、便宴、家宴四种形式。

（2）招待会。招待会是只备一些食物、饮料，而不备正餐、不排座位的一种较为自由的宴请形式。主要可分为冷餐会、酒会、茶会、咖啡会四种形式。

（3）工作餐。工作餐是一种特殊的非正式宴请形式。它时间较短，菜肴较少，用餐者可以边吃边谈。

2. 点菜的规矩

告诉对方，自己完全“客随主便”。若主人坚持，则恭敬不如从命，但是只点一道菜即可。

3. 用餐的餐序

（1）西餐正餐的常规菜序。一顿正规的西餐正餐，依次包括头盘（开胃汤）、面包、副菜、主菜、蔬菜类菜肴（沙拉）、甜品和饮料。

（2）西餐便餐的常规菜序。一顿正规的西餐便餐，依次包括头盘（开胃汤）、主菜、甜品和饮料。

三、涉外交往中的语言礼仪规范

语言在涉外交往中起着举足轻重的作用，因为在国际交往中，不同国家有不同的语言交流禁忌，我们应该了解外国人的用语思维和风俗禁忌。

礼仪链接

哪里，哪里

一次，某外国考察团到中国来考察，中国主办方到机场接机。在简短的寒暄之后，外国代表友好地对主办方领导说：“您看上去气色真不错啊！”中方领导听后用中国人很典型的接受夸赞方式说道：“哪里，哪里。”外方代表听后很诧异，心想：“我一句寒暄的话语，怎么还问我哪里？”于是外方代表回答道：“浑身上下哪里都是。”

（一）交流语言要直接、真实

西方人交流时不喜欢拐弯抹角，他们更习惯直入主题，因为他们认为这样做可以最大限度地节省时间、提高效率。

礼仪链接

勤于沟通

不同的国家有不同的风俗习惯，每个人也有不同的爱好。为了做好接待工作，提前沟通显得尤为重要。例如，接待一个外方团队，中方联络人员要与外方团队代表提前沟通，了解每位来宾的饮食禁忌、生活习惯等，以便做好服务接待工作。

（二）承诺在承受限度之内

在国际交往中，切忌开“空头支票”，对兑现不了的事情提前许诺会让对方反感，觉得没有诚信。

（三）交流时要看着对方的眼睛

在与西方人进行交流时要看着对方的眼睛或鼻子，眼睛不要游离于其他地方，这会让对方感到不被重视。

（四）不要当众批评接待人员

有些人在工作中出现问题时，为了体现对客人的歉意会当众批评服务人员，这样的做法是错误的，会显得领导的水平不高，给外方客人留下不好的印象。

第三课　部分国家礼仪

从国家层面讲，涉外礼仪影响着一个国家的形象；从个人角度讲，它关系着一个人的形象和气质；从文化层面讲，它可以避免不同文化之间的冲突。了解不同国家的习俗，有助于国际交往的开展。

一、亚洲部分国家的礼俗

（一）印度

与印度人相见应递英文名片，因为英语是印度的商业语言。印度的许多家庭妇女忌讳见陌生男子，不轻易和外人接触。但如果邀请已婚男士参加社交活动，应请他们偕夫人同来。

印度人用摇头表示赞同，用点头表示不同意，用手抓耳朵表示自责。召唤某人的动作是将手掌向下摆动手指，但不能只用一根手指；指人时也要用整个手掌，不能用一两根手指。到印度庙宇或家庭中做客，进门必须脱鞋。印度人迎接贵客时，主人常献上花环，套在客人的脖子上。花环的大小、长度视客人的身份而定。献给贵宾的花环既粗又长，超过膝盖；给一般客人的花环仅到胸前。到印度家庭做客时，可以带水果和糖果作为礼物，或给主人的孩子们送点礼品。

印度人在交际中使用较多的见面礼节有合十礼和拥抱礼，另外还有贴面礼、摸脚礼和举手礼。

1. 合十礼

合十礼一般是双手合十于胸前，或举手示意。两手空着时，则合十问候；若一手持物，则举右手施礼，切不可举左手。合十的高低也有讲究。对长者宜高，两手至少与前额相平；对晚辈宜低，可齐于胸口；对平辈宜平，双手位于胸口和下颌之间。

2. 拥抱礼

拥抱礼也是印度常见之礼。若久别重逢，或即将远行，或有大事发生等，则要拥抱。拥抱时，彼此将双手搭在肩上，先是把头偏向左边，胸膛紧贴一下，然后把头偏向右边，再把胸紧贴一下，有时，彼此用手抚背并紧抱，以示特别亲热。

3. 贴面礼

印度人的贴面礼通常用于亲友、熟人或社会地位相近的人之间。当两人见面时，他们会以脸颊相贴的方式表达问候和亲近。在进行贴面礼时，印度人会先以双手合十或双手交叠放在胸前表示敬意。接着，他们会将脸颊轻轻相贴，有时会伴随着轻声的问候或祝福。贴面礼的持续时间通常较短，但足以表达两人之间的亲近和友好。在某些地区或社交场合，女性之间或女性与女性亲友之间可能更倾向于使用贴面礼。

4. 摸脚礼

摸脚礼在印度是一种礼遇极高的见面礼。晚辈在拜见长辈时，首先弯腰用右手触摸长辈的脚部，然后再用右手触摸一下自己的前额，以示用自己的头部接触对方的脚部。

5. 举手礼

举手礼是合十礼的一种变通。当一手持物，难以双手合十时，则举起右手，指尖向上，掌心向内，向对方致敬，同时还要问候对方“您好”。

如今，握手礼在印度也很流行，但是，一般情况下，印度女性仍不习惯同异性握手。

（二）日本

日本是一个注重礼仪的国家，在日常生活中常互致问候，脱帽鞠躬，表示诚意、可亲。初次见面，会向对方鞠躬90°，而不一定握手。如果是老朋友或比较熟悉的人就主动握手，甚至拥抱。遇到女宾，女方主动伸手时才可以握手。如果需要谈话，会到休息室或房间交谈。

礼仪链接

日本人的社交着装

日本人注意穿着打扮，在正式场合一般穿礼服，男子穿成套的西服，女子穿和服。即使天气炎热，也不得随便脱衣服；如果需要脱衣服，会先征得主人的同意。在一般场合，只穿背心或赤脚被认为是失礼的。

（三）韩国

韩国人尊重长者，长者进屋时大家都要起立。早晨起床和饭后都要向父母问安；吃饭时应先为老人或长辈盛饭上菜，老人动筷后，其他人才能吃；乘车时，要让位给老年人。

韩国人见面时的传统礼节是鞠躬，晚辈、下级走路时遇到长辈或上级都会鞠躬，并站在一旁，让其先行，以示敬意。男人之间见面打招呼的方式为互相鞠躬并握手。

在韩国，如有人邀请你到家里吃饭或赴宴，你应带些小礼品，最好挑选包装好的食品。席间敬酒时，要用右手拿酒瓶、左手托瓶底，然后鞠躬致祝词，然后倒酒，且要一连三杯。敬酒人应把自己的酒杯举得低一些，用自己杯子的杯沿去碰对方杯子的杯身。敬完酒，鞠躬后才能离开。做客时，主人不会让客人参观房子的全貌，此时，不要自己到处逛。离开时，主人送到门口甚至门外，然后说再见。

韩国人用双手接礼物，但不会当着客人的面打开。赠送礼品给韩国人时应注意，韩国男性多喜欢名牌纺织品、领带、打火机、电动剃须刀等；女性喜欢化妆品、提包、手套、围巾等物品；孩子则喜欢食品。

二、非洲部分国家的礼俗

（一）尼日利亚

尼日利亚人的见面礼为握手礼，而且握手的方式与众不同，握手前要在对方右手上弹扣几下以示敬意，然后才握手问候。若是初次见面，那么握手时须先用自己的左手握右手，然后才用右手与对方相握，否则会被认为不懂礼仪。此外，尼日利亚人在不同场合还会使用击掌礼、跪拜礼和屈膝礼等见面礼。尼日利亚的许多部族，其习俗与文化传统有很大差别，所以他们的生活礼仪也有所不同，需要特别注意。

（二）南非

在社交场合，南非人普遍采用的见面礼节是握手礼，对交往对象的称呼则主要是“先生”“小姐”“夫人”。西方人所讲究的绅士风度、女士优先、守时践约等基本礼仪，南非人早已身体力行。有些南非人在与客人相见时会行拥抱礼或亲吻礼，有些南非人则会行一种形式独特的握手礼，即先用左手握住自己右手的手腕，然后再用右手与人握手。

在迎接客人时，许多地方的南非人往往列队相迎，载歌载舞，习惯将鸵鸟毛或孔雀毛送给贵宾，客人应高高兴兴地将这些珍贵的羽毛插在自己的帽子上或头发上。

三、美洲部分国家的礼俗

（一）美国

大多数美国人在交际场合喜欢主动与别人打招呼，并且乐于主动找人攀谈。在日常生活中主张凡事讲究实效，不搞形式主义。

一般情况下，美国人同外国人见面时，往往以点头、微笑为礼，或者只是向对方说一声“嗨”。不是特别正式的场合，他们甚至连国际上最为通行的握手礼也略去。除非亲朋好友，一般不会主动与对方亲吻、拥抱。

在称呼别人时，美国人更喜欢对交往对象直呼其名，以示双方关系密切。若非官方的正式交往，他们一般不喜欢称呼官衔。他们乐于在人际交往中称呼能反映对方成就与地位的学衔、职称，例如“博士”“教授”等。

美国人爱笑，与他们相处时，若一味地恪守“喜怒不形于色”的中国古训，就会使对方与自己拉开距离，甚至会让对方对自己敬而远之。

（二）加拿大

加拿大人既讲究礼貌又无拘无束，对人热情而友好，十分容易接近。在加拿大，人们见面都会主动向对方打招呼问好，一般以握手为礼，熟人之间用拥抱礼。

许多加拿大人喜欢直呼其名以表示友善和亲近。只有在非常正式的场合才会连姓带名一同称呼，并且冠以“先生”“小姐”“夫人”之类的尊称。对于交往对象的头衔、学位、职务，加拿大人只有在官方活动中才会使用。

加拿大人在社交场合一般举止优雅。在交谈时，他们会和颜悦色地看着对方；在需要指示方向或介绍朋友时，他们忌讳用手指来指点，而是代之以五指并拢、掌心向上的手势。

加拿大人常用耸肩、两手手指交叉置于桌上等姿态来缓和紧张气氛，或对他人的不幸处境表示理解和同情，有时也表示无可奈何、无能为力或者为了掩饰自己的窘态。

四、欧洲部分国家的礼俗

（一）英国

英国人通常显得非常自信，他们在国际交往中崇尚宽容和容忍。握手礼是英国人在社交场合使用最多的见面礼节。英国人极其强调绅士风度，不仅表现在英国人对妇女的尊重与照顾方面，而且见于英国人的仪表整洁、服饰得体和举止有度上。英国人待人十分客气，即使是家人、夫妻、至交之间，也会经常使用礼貌用语。

英国人在人际交往中十分注重衣着，爱以衣帽取人，在交往应酬过程中很重视体现“绅士”“淑女”之风的衣着。他们在正式场合的穿着十分庄重，一般是男士要穿三件套的深色西装，女士则要穿深色的套裙或者素雅的连衣裙。庄重、肃穆的黑色服装往往是英国人的优先选择。

礼仪链接

英国的茶文化

绝大多数英国人嗜茶如命，他们所喝的茶是红茶。在饮茶时，首先要在茶杯里倒入一些牛奶，然后依次冲茶、加糖。英国人的宴请方式多种多样，主要有茶会和宴会，茶会包括正式的和非正式的。

（二）法国

法国人在社交场合大都以握手为礼。一般女子向男子先伸手，年长者向年少者先伸手，上级向下级先伸手。少女通常是向妇女施屈膝礼，当地人还有男性互吻脸颊的习俗。男子戴礼帽时，还要施脱帽礼。

在人际交往中，法国人的形体语言极为丰富。在交谈时，他们喜欢与对方站得近一些，并喜欢以手势进行辅助，如用食指指自己的胸部表示“我”，拇指朝下指表示“差”或“坏”，掌心向上表示诚恳，耸动肩膀则表示高兴或惊讶。

在正式场合，法国人通常要穿西装、套裙或连衣裙，多为蓝色、灰色或黑色，质地则多为纯毛。出席庆典仪式时，一般要穿礼服。男士所穿多为配以蝴蝶结的燕尾服或黑色西装套装；女士所穿则多为连衣裙式的单色大礼服或小礼服。

（三）德国

与欧洲其他主要国家的人相比，德国人在待人接物方面所表现出来的独特风格往往给人以极为深刻的印象。一般而言，德国人在人际交往中通常会表现出如下四个特点：(1) 纪律严明，法治观念极强；(2) 讲究信誉，重视时间；(3) 极端自尊，非常尊重传统；(4) 待人热情，十分注重感情。

德国人在人际交往中对礼节非常重视。在社交场合，德国人通常采用握手礼作为见面礼节。与德国人握手时要特别注意两点：一是握手时务必要坦然注视对方；二是握手时间宜稍长一些，晃动的次数宜稍多一些，握手时所用的力度宜稍大一些。

德国人在人际交往中非常重视称呼。在一般情况下，一定不会直接称呼德国人的名字，但会称其全称或仅称其姓。德国人对职衔、学衔、军衔看得比较重，对于有此类头衔者，在称呼时一定不要忘记使用其头衔，这被视为向对方致敬的一种做法。“阁下”这一称呼在德国是不通用的。

大部分德国人对工作一丝不苟，在社交场合也举止庄重、讲究风度。与德国人相处时，几乎见不到他们皱眉头等动作，因为他们把这些动作视为对客人的不尊重，是缺乏教养的表现。

德国人很重视晚餐，在用晚餐的时候，他们习惯于关闭电灯、点燃蜡烛，以朦胧的烛光烘托出温馨的气氛。自助餐发明于德国，德国人在外出用餐时，很爱选择这一进餐方式。

（四）希腊

在希腊，人们用得最多的见面礼节是握手与拥抱。前者适用于一般场合，后者则多见于亲友之间。希腊人也广泛地采用亲吻礼。在行亲吻礼时，希腊人一般是不分男女的。希腊人还喜欢飞吻，据说，飞吻就是起源于古希腊。

希腊人在与别人打交道时，大都热情爽快、礼貌友好。不论是准点赴约的客人，还是突然到来的不速之客，主人都会奉若上宾，热情款待。希腊人的形体语言不仅丰富，而且特殊。他们表示“不同意”时，头会向上仰。而他们歪着头时，则大半是在表示肯定之意。

（五）意大利

在社交场合，意大利人常以握手礼作为见面礼节，并且会向对方问好。在熟人之间，举手礼、拥抱礼、亲吻礼也比较常用。在人际交往中，意大利人不但表情丰富，而且有着很多独特的形体语言，他们尤其喜欢运用不同的手势来表达自己的思想感情。例如，竖起食指来回摆动，表示“不”；用食指顶住面颊来回转动，表示“好吃”；用食指按在腮帮上转动两下，表示赞美某位女士“真漂亮”；伸出双手，手掌向上，并且耸动肩膀，表示“我不知道此事”。

意大利人对于穿着历来讲究，在衣着上大体具有三个特点：其一，不但讲究衣服的品牌、做工，而且连整体搭配的每一个细节都会做得无可挑剔。其二，衣着非常时髦，“穿的就是流行”对意大利人而言已是一种有关着装的共识。一些有地位、有身份的人，甚至每天衣着不重样，一件时装不在社交场合穿两次。其三，衣着很讲究个性。意大利人在讲究衣着时髦的同时还讲究标新立异，“人无我有，人有我弃”。对他们来讲，如果穿着打扮与他人雷同，毫无自己的个性可言，是令人难堪的，当然，这主要是针对社交场合的着装而言。在政务、商务活动中，他们通常也穿西服套装或套裙。

（六）俄罗斯

在交际场合，俄罗斯人惯于和初次会面的人行握手礼。对于熟悉的人，尤其是久别重逢的人，他们则大多要与对方热情拥抱，有时还会与对方互吻双颊。在比较隆重的场合，男士要弯腰吻女士的右手背。

在迎接贵宾之时，俄罗斯人通常会向对方献上面包和盐。这是给予对方的一种极高的礼遇，来宾必须对其欣然笑纳。收到俄罗斯人送的礼物时，最好当面打开并致谢。通常情况下，与俄罗斯人寒暄、交谈时，可以夸奖其外表、装束、身段和风度，但不能恭维其身体状况。俄罗斯人与他人相见时，通常都会主动问候。

俄罗斯人非常讲究仪表，注重服饰。在城市，俄罗斯人多穿西装或套裙。在乡间，已婚妇女必须戴头巾并以白色为主，未婚女性则不戴头巾，但常戴帽子。

礼行体验

训练内容

学生每5人一组，各小组模拟接待前准备、接待过程、用餐，看看哪组做得最好（可以配音乐）。根据着装、语言、手势、流畅度等方面进行点评。

训练要求

（1）以小组为单位，自主创设情景，并扮演接待人员和外宾的角色。

（2）准备自设情景所需的相关道具并摆放到位。

（3）各小组进行关于接待前准备、接待过程、用餐过程的礼仪训练，小组成员相互纠正，直至各成员均掌握涉外礼仪规范。

训练评估

教师可以根据表7-1的内容对各组成员训练情况进行评价。

表7-1　训练情况评价表

评价内容		分值	自评分	教师评分	综合评分
涉外见面	根据不同国家的礼俗用语言和动作打招呼	10			
涉外服装选择	公务场合：涉外人员的着装应当重点突出庄重保守的风格，不宜强调个性，不应过于时髦或过于随便，而应当既端庄大方又严守传统	10			
	社交场合：涉外人员的着装应当重点突出时尚个性，既不必过于保守从众，也不宜邋遢	10			
	休闲场合：常见的着装有牛仔装、运动装、夹克衫、T恤衫、短裤等。没有必要过于正式，尤其应当注意，不要穿套装或套裙，也不宜穿制服	10			
涉外餐饮礼仪	确定宴请菜单	10			
	排定宾主座次	10			
涉外交往语言	交流语言要直接、真实	10			
	承诺在承受限度之内	10			
	交流时要看着对方的眼睛	10			
	不要当众批评接待人员	10			

学以致用

1. 简述涉外礼仪通则。

2. 涉外人员在不同场合如何选择服装？
3. 在国际交往中，如何做到不卑不亢？
4. 简述德国人在人际交往中通常会表现的四个特点。
5. 中国人和外国人在交流寒暄时各有什么特点？

参考文献

［1］陈志新，雷建波，林允筑．现代中职生礼仪修炼［M］．镇江：江苏大学出版社，2020.

［2］丁建庆，唐立芳．中职生礼仪实用教程［M］．北京：科学出版社，2013.

［3］张朝辉．礼仪规范教程［M］．5版．北京：高等教育出版社，2022.

［4］苏敏，黄爱春，闫文荟．中职生文明礼仪教程［M］．北京：中国人民大学出版社，2022.

［5］胡钰凤，卓宜男．礼仪与职业素养［M］．北京：北京理工大学出版社，2021.

［6］江彩，黄仪娟，徐红梅．礼仪规范教程［M］．3版．北京：人民邮电出版社，2020.

图书在版编目（CIP）数据

中职生礼仪教程 / 刘登峰，朱周周，张震宇主编. 北京：中国人民大学出版社，2025. 3. --（中等职业教育精品教材）. -- ISBN 978-7-300-33578-0

Ⅰ. K891.26

中国国家版本馆 CIP 数据核字第 2025Y74T04 号

中等职业教育精品教材

中职生礼仪教程

主　编　刘登峰　朱周周　张震宇

副主编　柯贵进　彭灵丽　周　燕　王九斤

　　　　李秀芳　朱芳芳　刘　卉　董　莉

Zhongzhisheng Liyi Jiaocheng

出版发行	中国人民大学出版社		
社　　址	北京中关村大街 31 号	**邮政编码**	100080
电　　话	010－62511242（总编室）		010－62511770（质管部）
	010－82501766（邮购部）		010－62514148（门市部）
	010－62515195（发行公司）		010－62515275（盗版举报）
网　　址	http://www.crup.com.cn		
经　　销	新华书店		
印　　刷	北京七色印务有限公司		
开　　本	787 mm×1092 mm　1/16	**版　　次**	2025 年 3 月第 1 版
印　　张	9.5	**印　　次**	2025 年 3 月第 1 次印刷
字　　数	190 000	**定　　价**	36.80 元